KB265749

CEO 리더십유형과 조직성과

CEO 리더십유형과 조직성과

양 상 진 著

책머리에

본 연구는 제조업체 CEO의 유형과 리더십의 유형이 조직성과에 미치는 영향을 검증하는 것을 목적으로 한다. 조직성과를 측정하는 데 있어서는 구성원의 직무만족, 조직적응성, 조직몰입 변수를 사용하였다.

본 연구를 수행하기 위해 지방도시의 가장 오래되고 대표적인 공단에 입주한 제조업체 CEO를 대상으로 5점 척도로 작성된 설문지조사를 통하여 연구자료를 수집하였다. 그리고 본 연구에 사용된 통계처리 및 검증방법은 Chi-square검증, t-test, 분산분석(one-way ANOVA), 요인분석, 다중회귀분석이었으며, 자료의 신뢰도 분석을 위하여 Cronbach-alpha test를 실시하여 항목간의 내적 일관성을 검증하였다.

본 연구의 결과를 요약하면 다음과 같다.

첫째, CEO의 유형으로서 전문형의 비율이 오너형보다는 2배 이상 많은 것으로 조사되고 있어서 많은 기업들이 전문경영체제를 노입하고 있었다. 또한 CEO의 유형에 상관없이 변혁적 리더십유형이 차지하는 비중이 74.6%에 이르고 있으며, 구제직으로 오너형 조직에서 81.2%, 전문형 조직에서 71.5%가 변혁적 리더십이 발휘되고 있으며, 거래적 리더십은 오너형보다 전문형에서 더 많이 발휘되고 있음을 알 수 있다. 이처럼 CEO의 유형에 따라 발휘하는 리더십에 차이를 보여 〈가설 Ⅰ〉은 채택된다.

둘째, 분석결과 공식적 의사소통에 대해서는 CEO의 유형에 따라 차이가 없이 유사하다. 그러나 비공식적 의사소통에 대해서는 전문형보다는 오너형 CEO에게서 높은 성향을 보여 주고 있다. 따라서 CEO유형에 따라 의사소통유형에 영향을 미친다는 〈가설 Ⅱ〉는 부분적으로만 채택된다. 즉, 오너형 리더가 전문형 리더보다 비공식적 의사소통에 대하여 상대적으로 긍정적인 경향을 보여주고 있지만 비공식적 의사소통에 대해서는 CEO유형에 따른 차이가 없는 것으로 나타났다.

셋째, CEO유형에 따른 조직성과를 파악하기 위해 성과측정변수를 조직적응성과 직무만족, 조직몰입에 따라 개별적으로 비교·분석한 결과 CEO의 유형에 따라서 구성원의 조직적응성과 직무만족에는 유의적 차이가 없지만 조직몰입에서는 통계적으로 유의적인 차이가 있다. 따라서 CEO유형이 조직성과에 영향을 미친다는 〈가설 Ⅲ〉은 부분적으로만 채택된다.

넷째, 리더십유형이 의사소통유형에 영향을 미치는지를 검증한 결과, 공식적 의사소통이나 비공식적 의사소통 모두에 대하여 변혁적 리더십이 거래적 리더십보다 높게 발휘되고 있는 것으로 나타났다. 따라서 리더십유형이 의사소통유형에 영향을 미친다는 〈가설 Ⅳ〉는 기각된다.

다섯째, CEO가 추진하는 리더십에 따라 조직성과에 대한 차이를 분석한 결과 조직적응성, 조직몰입에서 다른 결과를 보여주지만 직무만족에서는 리더십유형에 따라 차이가 없다. 따라서 리더십유형이 조직성과에 영향을 미친다는 〈가설 Ⅴ〉는 부분적으로만 채택된다.

여섯째, 공식적 의사소통이 비공식적 의사소통보다 조직성과를 높여주는지를 검증한 결과, 조직적응성에 대해서는 공식적 의사소통과 비공식적 의사소통 모두 긍정적으로 영향을 미치고 있으며, 직무만족과 조직몰입에 있어서는 공식적 의사소통이 긍정적으로 영향을 주게 되어 비공식적 의사소통은 영향력이 없다. 따라서 〈가설 Ⅵ〉는 채택된다.

본 연구의 한계점과 그에 따른 향후 연구과제를 제시하면 다음과 같다.

첫째, 일반화의 문제이다. 본 연구는 일정 규모의 표본을 토대로 하여 분석을 하였지만 시간을 두고 어떤 모습을 나타내는지를 분석해 보는 시계열의 종단연구가 되지 못하고 횡단적인 연구가 되었다는 점이다. 따라서 본 연구결과가 얼마나 많은 조직에 일반화될 수 있을지 일반화 정도에 한계가 있을 수 있다. 그러므로 향후의 연구는 보다 많은 지역의 구성원들을 대상으로 횡단적인 연구는 물론 시차를 두고 일관성을 조사하는 종단적인 연구가 이루어질 필요가 있다.

둘째, 본 연구는 영향을 줄 수 있는 많은 환경변수를 고려하지 못하였다는 점이다. 즉 기업의 역사, 지분구조, 대주주의 영향력 정도 및 다양성, 미래 경영전략 등 많은 변수를 고려하여 연구가 진행되지 못하고 설정된 변수들만을 중심으로 조직 내의 상황을 설명하려 하였다는 점이다. 따라서 향후의 연구는 기업의 역사, 실질적인 지분구조, 대주주의 영향력 정도 및 다양성, 미래 경영전략 등 많은 변수를 고려하여 보다 분명한 연구결과를 도출하는 것이 필요하다.

셋째, 설문조사 및 자료수집상의 한계점이 있다. 설문지조사를 토대로 하여 연구를 진행하였기 때문에 질적인 특성을 가지는 요소들에 대하여도 응답자들의 인식을 단순히 5점 척도를 이용하여 계량화하는 방법을 적용하였다. 그러므로 향후의 연구는 질적인 특성에 대하여는 5점 척도 등의 방법 이외에 다른 적절한 방법을 고려하여 연구를 진행할 필요가 있다.

넷째, 본 연구에서는 설문지를 통하여 자료를 수집하였으나 그 이외의 방법으로 실험실 실험 및 관찰법 등을 이용한 연구가 필요하며, 그에 따른 연구결과의 비교도 필요하다.

다섯째, 조직성과 변수인 조직적응성, 직무만족 및 조직몰입이 의사소통 유형과 리더십유형에 미치는 피드백 관계를 검증할 필요가 있다. 왜냐하면 리더십유형과 의사소통이 조직성과에 긍정적인 영향을 미치는 선순환구조에서는 역의 관계도 성립할 수도 있기 때문이다.

끝으로 이 책이 출간되기 까지 항상 곁에서 용기를 주는 동행인 김혜진님과 보라, 진우, 재승, 유승이 에게 감사함을 드리며, 또한 한국학술정보 채종준 대표이사님과 출판사업팀에 감사의 글을 올립니다.

[목 차]

[표 목차]

제1장 서 론

제1절 연구의 배경 및 목적

기업의 경영환경이 급변하고 최근과 같이 국내외적으로 경쟁이 심한 상황에서 경영성과에 절대적 영향을 미치는 최고경영자(CEO)의 유형과 리더십유형에 관한 연구는 그 어느 때보다도 중요하다. 왜냐하면 기업의 CEO는 기업경영에서 끊임없이 일어나고 있는 전략의 선택, 자원의 할당, 전략적 의사결정 등에 가장 중요한 영향력을 행사하고 있기 때문이다.

따라서 CEO의 유형으로서 owner형 CEO와 전문형 CEO는 각각 어떤 리더십유형을 발휘하는지 그리고 의사소통 유형으로서 공식적 의사소통과 비공식적 의사소통 중 어느 유형에 중요하게 작용하는지 또한 조직의 성과에 미치는 영향은 어떠한지를 파악할 필요가 있다.

그러나 아직도 국내외 일부 기업의 CEO는 경영환경변화에 적응하지 못하고 과거의 경험만을 바탕으로 이미 익숙해져버린 구태의연한 리더십만을 고집함으로써 기업의 성장과 발전에 기여하지 못하는 경우가 많다.

전통적으로 리더십연구는 특성론, 행동론, 상황론 등으로 구분하여 이루어져 왔는데, 이러한 이론들은 조직의 목표달성을 위하여 구성원의 노력을 유도하기 위한 방법으로 구성원들의 행위결과에 대한 보상이나 처벌을 중요시하였다. 즉, 기존의 리더십연구는 조직의 목표달성수단과 이러한 수단의 효과적 작용을 촉진하는 거래적 리더십을 중요시하였다(House & Howell, 1992). 그러나 이러한 거래적 관계로는 구성원의 원활한 의사소통이나 조직성과의 향상 등의 차원 높은 변화를 가져오는데는 부족하다는 것을 인식하게 되었다. 이에 따라 급변하는 경영환경에 적절하게 적응할 리더십의 새로운 패러다임으로서 변화가 요청되고, 조직 또한 이러한 리더십의 변화에 근거하여 조직을 관리할 필요성이 강조되고 있다(오정석·이용탁, 1996).

이러한 필요성에 따라 1980년대 이후 새로운 리더십 패러다임으로 제기된 것이 변혁적 리더십(transformational leadership) 이론이다. 변혁적 리더십은 Burns(1978)에 의하여 제시되어 Bass(1985, 1990, 1992) 등에 의해서 발전되어 왔으며, 이는 신뢰를 기초로 리더와 구성원의 긍정적인 상호작용을 통하여 개인적인 흥미와 이익을 초월하고 조직의 목표를 달성하도록 동기부여하는 것이다. 그러나 거래적 리더십(transactional leadership)은 개인이 가치있는 것을 교환할 목적으로 다른 사람의 계약에 있어서 주도권을 잡을 경우에 발생한다고 한다(Burns, 1978: Bass, 1985).

최근의 연구결과에 의하면 변혁적 리더십이 조직효율성과 구성원들의 직무만족, 조직몰입, 업무성과 등에 긍정적인 영향을 미치는 것으로 분석되고 있다(Bass, 1985: Barker, 1989: Klafehn, 1990: Medley, 1995: 이용탁, 1996: 박현태, 1997: 이미자, 1999: 강희정, 1999).

조직내에서 의사소통은 조직구성원간의 정보교환 및 조직환경과 상호작용하는데 중요한 역할을 하며, 이를 통해 서로를 이해하고 조직환경에 적응하여 스스로를 변화시킬 수 있다. 또한 의사소통은 조직구성원에게 정보교환을 가능하게 하고 집단노력의 필요성과 그 이해를 촉진시키며, 조직구성원으로 하여금 직무의욕을 불러 일으킴으로써 직무성과를 높이고 작업의 만족을 가져오게 만든다(Roberts & O'Reilly, 1979).

의사소통과 조직성과에 관한 연구도 다양하게 이루어지고 있는데(Muchinsky, 1977: Pincus,1986: 김주현, 1996: 박상길, 1999), 일반적으로 조직성과의 구체적 기준으로 직무만족을 들면서 그 측정기준을 동료관계에 대한 만족, 직무자체에 대한 만족, 근무환경에 대한 만족 등으로 구분하고 있다. 이와 같이 조직의 성과를 연구함에 있어서 의사소통이 매우 중요한 의미를 가지고 있기 때문에 이에 대한 연구가 체계적으로 이루어질 필요가 있다. 조직 내에서의 원활한 의사소통으로 유통되는 신속하고 정확한 정보가 기업의 조직성과를 높이는데 크게 기여할 것이기 때문이다.

이상에서 검토한 CEO의 유형, 리더십유형이 의사소통과 조직성과에 미치는 영향을 연구할 필요성을 지적하면 다음과 같다.

첫째, CEO의 유형과 리더십유형의 관계분석 및 이들 양자가 의사소통과 조직성과에 미치는 영향을 통합적으로 분석한 기존연구가 없다.

둘째, 의사소통의 유형별로 조직성과에 미치는 영향을 분석한 기존의 연구들은 통합적인 연구모형이 없이 변수간의 관계만을 분석함으로써 그 연구결과들 간에 일관성이 없고, 단편적이고 제한적인 경우가 많다.

셋째, 리더십유형과 의사소통유형의 결과변수로서 조직성과를 구체적으로 나타내는 측정변수를 조직적응성, 직무만족 및 조직몰입으로 구분하여 검증한 기존의 연구가 없다.

넷째, 대부분의 기존 연구가 조직성과를 연구함에 있어서 개념적 수준 내지는 부분적 차원 또는 영역에 머무르고 있다. 오늘날과 같이 다양한 요인이 조직의 성과에 영향을 미치는 상황에서는 보다 종합적이고 체계적으로 조직성과와 다양한 요인과의 관계를 연구할 필요가 있다.

이상과 같이 기존의 연구들에서 여러 가지 문제점이 제기되고 있다. 본 연구는 기존 연구의 문제점을 보완하고 기존 연구에서 다루지 못한 변수들을 고려하여 보다 진전된 연구결과를 도출함으로써 기업조직의 성과 향상방안을 제시할 목적으로 수행되었다. 본 연구의 목적을 구체적으로 제시하면 다음과 같다.

첫째, 오너형 CEO 및 전문형 CEO 등의 CEO유형이 리더십유형으로서 변혁적 리더십 및 거래적 리더십에 미치는 영향을 분석한다.

둘째, 오너형 CEO 및 전문형 CEO 등의 CEO유형이 의사소통 유형으로서 공식적 의사소통 및 비공식적 의사소통에 미치는 영향을 분석한다.

셋째, 오너형 CEO 및 전문형 CEO 등의 CEO유형이 조직성과 변수인 조직적응성, 직무만족 및 조직몰입에 미치는 영향을 분석한다.

넷째, 변혁적 리더십 및 거래적 리더십 등의 리더십유형이 의사소통유형으로서 공식적 의사소통 및 비공식적 의사소통에 미치는 영향을 분석한다.

다섯째, 변혁적 리더십 및 거래적 리더십 등의 리더십유형이 조

직성과 변수인 조직적응성, 직무만족 및 조직몰입에 미치는 영향
을 분석한다.

여섯째, 공식적 의사소통 및 비공식적 의사소통 등의 의사소통
유형이 조직성과 변수인 조직적응성, 직무만족 및 조직몰입에 미
치는 영향을 분석한다.

제2절 연구의 방법 및 구성

본 연구에서는 리더십, 의사소통 및 조직성과와 관련된 기존 연
구들을 검토하였으며, 또한 본 연구의 모형 및 가설을 설정하기
위하여 관련 국내외 문헌에 대한 조사를 실시하였다. 그리고 본
연구의 연구모형 및 가설을 검증하기 위하여 연구대상자들을 대
상으로 하여 설문조사에 의한 실증연구를 병행하여 실시하였다.
즉, 문헌연구를 통하여 본 연구모형에 관련된 전반적인 내용을 검
토하고 의사소통과 조직성과에 영향을 미치는 관련 변수 및 선행
연구를 고찰하였다. 그리고 이를 토대로 하여 연구모형과 가설을
설정하였다. 실증연구부분에서는 설문조사방법을 이용하여 변수의
조작적 정의, 측정도구 및 통계적 분석방법을 기술하고 가설검증
및 추가적 분석을 실시하였다. 실증적 연구를 위한 대상은 광주
하남공단의 제조업체의 경영자들이었으며, 설문지의 배부 및 작성
은 해당기관을 직접 방문하여 협조를 얻은 다음 배부하여 작성토
록 한 후 설문지를 회수해 오는 방법을 사용하였다. 그리고 실증
분석을 위해 수집된 자료는 SPSS/PC를 이용하여 분석하였다.

본 연구는 다음과 같이 구성되었다.

제1장은 서론 부분으로서 연구의 배경 및 목적을 제시하고 이어서 연구의 방법 및 구성에 대하여 설명하였다.

제2장은 이론적 고찰 및 선행연구에 대한 검토 부분으로서 리더로서 문헌적 고찰을 통하여 최고경영자 및 리더십이론, 의사소통이론 및 조직성과 변수에 대하여 고찰한 후 선행연구에 대하여 검토하였다.

제3장은 실증연구방법론 부분으로서 본 연구의 모형 및 연구가설의 설정을 설정한 후 연구자료의 조사방법과 통계적 분석방법에 대하여 설명하였다.

제4장은 실증연구의 분석결과를 고찰하는 부분으로서 가설검증 및 추가적 통계분석결과를 설명하였다.

제5장은 결론 부분으로서 본 연구를 통하여 분석된 연구결과의 요약 및 시사점을 제시한 후, 본 연구의 한계점 및 향후 연구과제에 대하여 설명하였다.

제2장 이론적 고찰 및 선행연구의 검토

제1절 리더십이론의 본질

1. 리더십의 개념

리더십에 대한 연구는 사회과학분야에서 그 역사가 가장 오래된 연구분야 중의 하나이며, 행동과학의 주제 중에서 가장 많은 연구대상이 되고 있다(Bennis, 1999). 그러나 지난 수십 년 동안 많은 학자들에 의해 그 중요성을 인정받아왔던 주제임에도 불구하고 리더십이론에 대한 수렴은 충분히 이루어지지 않고 있으며 오히려 한층 더 세분화, 다양화되어 연구자간의 의견불일치는 물론 실제 적용상 문제를 더욱 어렵게 만들고 있다(Hunt, 1989).

Peter Drucker(1979)가 "리더십이 대유행이다"라고 지적하였듯이 리더십(leadership)은 경영학에서 가장 많이 거론되고 연구되는 것들 중의 하나이다. 그래서 리더십의 개념정의는 리더십을 활용하는 목적과 시각에 따라 통일된 개념의 정의가 쉽지만은 않다. Stogdill(1974)은 리더십에 대한 정의는 그것을 정의하는 사람의 수만큼이나 많다고 지적한 바 있다. Stogdill(1974)의 *Handbook of Leadership*은 대략 3000개 이상의 참고자료를 가지고 있고, Bass(1990)의 개정판은 대략 6000개 이상의 참고자료를 가지고 있다. 이 밖에도 많은 연구자료들이 존재하는

데, 그 결과는 리더십이 조직행동과 인간관계의 영역 속에서 가장 중요하다는 것이라는데 의견일치를 하고 있다. 리더십이론과 연구의 권위적인 근거가 되고 있는 『Handbook of Leadership』은 리더십을 집단구성원 사이의 상호작용으로 정의하고 있다(Gibson et. al., 2000). 즉, 리더십이란 집단구성원이 집단 속에서 다른 구성원의 능력이나 동기를 수정하고자 할 때 생겨난다는 것이다. 아래의 〈표 2-1〉에 소개되고 있는 리더십에 대한 많은 학자들의 정의가 이를 뒷받침하고 있다.

그리고 Webster 사전은 '리더'를 "영향력 또는 권한을 지닌 사람"이라 정의하고 있으며, '리더십'은 "이끄는 능력"이라고 정의하고 있다. 수많은 논자들의 정의를 모두 살펴보더라도 리더십의 정의는 영향력의 사용을 포함함을 내포하고 있음을 알 수 있다. 또한 옥스퍼드 사전에 의하면 '리더'라는 단어는 1300년대에 이미 등장하였으나, '리더십'이란 단어는 1800년대 중반까지 나타나지 않았다고 한다.

<h2 style="text-align:center">〈표 2-1〉 리더십의 다양한 정의들</h2>

연 구 자	정 의
Gibson, Ivancevich & Donnelly(2000)	어떤 목표를 성취하도록 종업원들을 동기 부여시키기 위해 영향력을 행사하는 시도이다.
Hall(1998)	지도자의 개인적 자질에 근거하여 광범위한 문제에서 추종자의 자발적 동의를 이끌어내는 능력이다.
Vasu, Stewart & Garson(1998)	자신이 해야만 한다고 믿는 일을 다른 이로 하여금 하도록 만드는 기술이며, 그들의 행동에 영향을 미치려고 시도하는 과정이다.
Hooper & Potter(1997)	통제 대신에 영감과 잠재력을 강조하며, 종업원들로 하여금 긍정적인 감정을 창조하도록 하는 것과 관련된다.
Wright & Noe(1996)	리더의 비전을 성취하도록 종업원들로 하여금 자발적으로 참여하여 영감을 주고, 권한을 부여하는 과정이다.
Yukl(1994)	집단이나 조직 속에서 관계와 활동을 구조화하기 위해서 한 사람이 다른 사람에게 발휘하는 계획된 영향력에 의한 사회적 영향력의 과정을 포함하는 개념이다.
Hodgetts & Kuratko(1991)	사람들에게 그들의 노력을 어떤 특정한 목표 또는 몇 개의 목적을 안내하기 위해 그들에게 영향을 미치는 과정이다.
Daft(1991)	목표를 달성하려는 방향으로 사람들에게 영향을 미치기 위한 능력이다.
Stoner & Freeman (1989)	집단구성원의 과업과 관련된 행동에 방향을 짓고 영향을 미치는 과정이다.
Katz & Kahn(1978)	조직의 일상적 지시에 따라서 기계적으로 순종하는 것 이상을 의미하는 영향력 확대이다.
Koontz & O'Donnell(1976)	한 개인이 다른 구성원에게 이미 설정된 목표를 달성하도록 영향력을 행사하는 과정이다.
Davis(1972)	정해진 목표를 열정적으로 추구하도록 타인을 설득하는 과정이다.
Alford & Beatley (1965)	집단구성원들에게 자발적이고 바람직한 행동으로 집단목표에 도달할 수 있게 하는 것이다.
Pigors(1953)	특정한 개성의 소유자가 공통의 문제를 추구하는데 있어서 그의 의지, 감정 및 통찰력 등으로 타인을 이끌고 다스리는 특성이다.
Sargent(1950)	집단의 어떤 특정 개인과 구성원들 간의 사회적 상호작용이고, 리더와 부하의 역할행동이다.
Alport(1924)	리더의 영향력과 구성원 사이의 인간관계를 중심으로 하여 집단상황에 크게 변화를 가져오는 활동이다.

* 자료: 김성수, 「리더십이론의 연구」, 리더십센터, 2002, p.7

  지금까지 여러 학자들에 주장된 정의를 살펴보면 '리더십이란 일정한 상황에서 목표 달성을 위해 개인이나 집단의 행위에 미치는 과정'이란 개념이 공통적으로 포함되어 있음을 알 수 있다. 이렇게 타인에게 영향력을 행사하고자 한다면 그들에게는 영향력을 행사할 수 있는 권력과 남과는 다른 강력하게 규정된 목적의식(비전)이 있어야 한다. 그러나 진정한 리더십이라면 부하들의 자발적 추종을 전제로 한 영향력 행사과정이라고 할 수 있다. 또한 영향력 행사라는 것은 의도했던 변화를 얻어냈을 경우에만 유효한 것이기 때문에 근본적으로 리더십은 변화와 밀접한 관련이 있다.

  변혁적 리더십, 거래적 리더십과 카리스마적 리더십분야에서 훌륭한 업적을 남긴 Bennis(1999)는 리더와 관리자간의 기본적인 차이가 이 변화에 대한 목적의식이라 정의하고, 리더는 올바른 일을 하는 사람(doing things right)이고, 관리자는 일을 올바르게 하는 사람(doing the right things)이라고 정의하였다. 많은 학자들이 관리와 리더십을 구분하고 있으며(Bennis & Nanus, 1985; Bennis, 1989; Kotter, 1990; Tompkins, 1995)는 "관리는 과잉이고 리더십은 부족하다"는 극단적인 주장을 펼치고 있다. 따라서 관리와 리더십을 구분하는 가장 뚜렷한 차이점은 관리란 현상을 유지하는데 관련이 있고, 리더십은 변화를 유도하는데 관련이 있다는 점이다(박내희, 1995). 오늘날 많은 조직들 속에서 관리자는 많은데 리더는 적다. 관리자들은 정책과 실천, 절차들에는 뛰어나지만 강력하고 장기적인 비전을 만드는 면에서는 뛰어나지 않다. 리더는 장기적인 관점에서 조직에 정말 필요한 것이 무엇인지를 파악하고 있는 사람이다. 결국 리더란 존재는 조직효율성의 측정에 있어서 차이를 만들어낼 수 있는 사람이기

(Gibson et. al., 2000) 때문에 리더십의 중요성을 다시금 인식할 필요가 있다.

2. 리더십이론의 발전

지금까지 리더십이론의 흐름은 크게 세 가지로 구분된다. 즉, 리더십이론의 접근방법은 리더의 특성에 착안한 특성이론(trait theory), 리더의 행위에 착안한 행동이론(behavioral theory), 그리고 상황에 착안한 환경적응론(contingency theory) 등으로 구분되어진다. 이들 이론의 관계는 역사적으로 발전하면서(특성이론→행동이론→환경적응론), 다시 특성이론과 행동이론의 한계를 보완해가면서 변증법적으로 발전하고 있다(thesis→antithesis→synthesis).

〈표 2-2〉 리더십이론의 접근방법

이 론	접근방법	대표적 연구
특성이론 (1940~1950)	효과적인 리더의 특징이나 특성은 존재한다.	마이너의 연구 맥클리랜드의 연구 버드, 스톡딜의 연구
행동이론 (1950~1960)	효과적인 리더의 행위는 존재한다.	아이오와 대학의 연구 오하이오 주립대학의 연구 미시간 대학의 연구 블레이크-무턴의 관리격자이론
환경적응론 (1970~현재)	효과적인 리더십은 리더의 특성뿐만 아니라 환경을 이루는 상황에 의해 결정된다.	피들러의 환경적응론적 이론 하우스의 통로-목표이론 허시-블랜차드의 상황적응론 브롬-예턴-자고의 리더십의 의사결정모형 VDL 모델 (Vertical Dyad Linkage Model)

* 자료: 김성수, 『리더십 이론의 연구』, 서울리더십센터, 2002, p.9

1) 특성이론

특성이론은 가장 오래된 리더십이론으로서 효율적인 리더는 비효율적인 리더와 명확하게 구별되는 몇 가지 특성과 자질을 갖고 있다는 가정에서 출발한다. 결국 특성이론은 리더와 비리더를 구별할 수 있는 기준은 무엇이며, 효율적으로 임무를 완수하는 리더와 비효율적으로 리더십을 발휘하는 리더간의 차별성은 무엇인가를 밝히고자 하는 연구가 되는 것이다. 또한 사회조직체에서 인정되고 있는 성공적인 리더들은 어떤 공통된 특성을 지니고 있는가를 집중적으로 연구하여 개념화한 이론인 것이다(이학종, 1991).

이 이론은 제1차 세계대전 초에 미국심리학협회가 실시한 연구결과에서부터 대두되기 시작하였다(Stogdill, 1974). 이 이론에 따르면 훌륭한 리더는 리더로서의 독특한 특성과 자질을 가지기 때문에 그가 처해 있는 상황이나 환경이 바뀌더라도 항상 리더가 될 수 있다는 것으로(추헌, 1992) 리더가 공통적으로 구비하고 있는 특성, 즉 자질을 대상으로 하므로 자질론이라고도 한다. 이 이론에서는 효과적인 리더에게는 다른 사람들과 구별되는 자질과 특성이 있다고 생각하고 이것이 리더십의 지위와 기능에 영향을 준다고 간주하여 그 자질과 특성을 추출하려고 노력하는 이론이다. 따라서 연구의 초점을 리더 개인의 개인성 또는 자질에 둔다.

특성이론은 리더십 능력이란 태어나면서부터 가지고 있는 것이라는 가정에서부터 시작한다(Drummond, 2000). 리더가 선천적으로 태어난 것인가 아니면 후천적으로 만들어지는 것인가의 문제는 오랫동안 중요한 연구과제였다. 제2차 세계대전에서 미군은 수백 명의 평균적인 사람(average man)을 훈련시켜 훌륭한 리더로 만들었다는 연구결과를 리더도 만들어질 수 있다는 결론에 이르게 된다(Pagones, 1992). 그럼에도 불구하고 특성론은 선천설에 의존하고 있다(Stoner et al., 1992).

지난 반세기 동안의 리더십에 관한 연구결과에 의하면 리더는 지적 능력, 자신감, 권력에 대한 욕구, 성실, 사교성, 카리스마, 단호함, 열정, 강인함, 용기 등에 의해 특징지어진다는 것이다(Robbins, 1994). 특성이론에서 리더의 특성요인으로 들고 있는 것을 정리한 것이 〈표 2-3〉이다.

〈표 2-3〉 리더의 특성요인

주 창 자	특 성
F.Taylor	1)두뇌 2)교육 3)특기지식 4)기개 5)정력 6)용기 7)성실 8)판단 및 상식 9)건강
E.Shell	1)종업원에 대한 관심과 애정 2)인격의 힘 3)과학적 태도
C.Bird	1)지능 2)외향성 3)열중성 4)자신감 5)담대성 6)자립성 7)진취성 8)위엄 9)우정 10)공정성 11)침착성 12)사교성 13)언변 14)유머 15)공평성 16)독창성 17)자제력 18)관용 19)정직성 20)신뢰성 등 79가지
H.Fayol	1)건강 및 신체적 특성 2)지식 및 정신력 3)도덕성 및 건전한 일반교육 4)관리능력 5)주요직능에 관한 지식 6)전문적 활동분야에서의 탁월성
R.Stogdill	1)능력(지성, 기민성, 발언능력, 독창성, 판단력) 2)업적(학식, 지식, 체력) 3)책임감(주도성, 인내력, 공격성, 자신) 4)참가태도(활동력, 사교성, 적응성, 유머감각) 5)지위(사회적 지위, 인기)
C.Gibb	1)정력 2)자신감 3)지성 4)웅변 5)일관성 6)인간통찰력
G.Yukl	1)퍼스낼리티: 에너지수준, 스트레스 처리, 자신감, 감정적인 성숙, 성실 2)모티베이션: 성취에 대한 강한욕구, 제휴에 대한 약한 욕구, 사회화된 권력지향 3)능력: 개인간 기능, 기술적 기능, 인지적 기능, 설득력
A.G.Jago	1)신체적·골격적 특성: 활동성, 정력, 외모, 차림새, 키, 몸무게 등 2)능력 또는 기술특성: 행정능력, 지능, 판단력, 지식, 기술적 능력, 어휘구사력 등 3)성격적 특성: 성취동기, 야망, 적응력, 공격성, 민첩성, 지배성향, 자기제어, 열정 등 4)사회적 특성: 협동성, 대인관계기술, 민감성, 사회성, 명예중시성향, 재치 등
I.C.Barnard	1)활동성과 인내성 2)설득력 3)책임감 4)지적 능력
B.M.Bass	1)생리적 특성: 활동성, 에너지, 나이, 외모, 키, 몸무게 2)사회적 배경: 교육, 사회적 지위 등 3)지능과 능력: 지능, 판단력, 단호성, 지식, 유창한 언변 등 4)성격: 적응성, 적극성, 조심성, 우월성, 열광, 외향성, 독립성, 창조성, 자신감 등 5)과업관계: 성취욕, 책임감, 장애극복, 과업지향성 등 6)사회적 특성: 협동성, 양육성, 사교성, 전략, 외교 등 40여 가지
손 무	1)지 2)신 3)인 4)용 5)엄

*자료: 배수진, 『경영학원론』, 학문사, 1995, p.337 의 내용을 보완

2) 행동이론

　1950년대부터 리더십 연구자들은 특성이론에 실망하게 되었고, 그들은 관리자들의 실제 직무에 있어서의 행동에 더 관심을 기울이게 되었다. 즉, 개인의 리더십 효율성을 결정짓기 위해 개인이 어떻게 행동하는가(리더의 행위)를 연구했다. 리더의 특성을 조사하는 대신에 그들은 부하들의 생산성이나 만족감과 같은 효율성을 측정하는데 있어서의 행동을 설명했다(Gibson et. al., 2000). 리더십행동은 리더가 직무를 성취하기 위한 해동과 부하들이 직무를 수행하기 위한 노력을 유지하기 위한 행동을 분석함으로써 연구될 수 있다.

　만약 특성이론이 성공적이었다면 그것은 리더십을 필요로 하는 조직과 집단 속에서 공식적인 지위를 맡기기 위해 올바른 개인을 선택하는 근거를 제공했을지도 모른다. 반대로 행동이론이 리더십의 행동론적인 결정요인을 규명할 수 있다면, 더 많은 사람들을 리더로 양성할 수 있었을 것이다. 특성이론과 행동이론의 차이는 적용상의 관점이라고 할 수 있다. 특성이론이 근거가 있는 것이라면 리더는 기본적으로 태어나는 것이라고 할 수 있다. 반대로 행동론적인 관점에서 리더를 확인해 주는 특별한 행동이 있다면 리더십을 양성할 수 있을 것이다. 이는 리더의 공급이 확대될 수 있다는 것을 의미하는 매우 흥미로운 개념이다.

　많은 연구들이 행동론적 유형을 조사하고 있는데, 그 중에서 주요 연구로는 아이오와 대학의 연구(레빈의 3원론), 오하이오 주립대의 연구, 미시간 대학의 연구, 관리격자이론 등이 있다.

3) 환경적응론

앞에서 고찰한 두 가지 리더십의 접근방법은 리더의 개인적 특성에 초점을 둔 1차원적 접근방법(특성이론)과 과업과 인간이라는 2차원적 접근방법(행동이론)이었다. 그러나 특성이론과 행동이론은 모두 효과적인 리더의 유형을 완전히 해명할 수 없었다. 이에 효과적인 리더십유형은 여러 가지 상황에 따라 다르다는 환경적응론적 리더십연구로 초점을 옮겨 리더십유형을 상황과 관련시켜 3차원적으로 연구하기 시작했다.

이 개념은 리더십에 있어서 부하와 환경이 논리적인 결론으로 이르는 적극적인 참가자라는 것에 착안하고 있다. Filley & House(1969)는 조직의 역사, 조직이 요구하는 직무자격, 조직이 인도되는 심리적 환경, 리더가 수행하는 직무, 집단의 규모, 집단구성원들의 협력정도, 부하들의 상사에 대한 기대, 집단구성원의 성격, 의사결정에 필요한 시간과 허용된 시간 등을 상황에 영향을 주는 요소로 제시하고 있다. 어떤 종류의 리더와 리더십행동은 다른 어떤 것보다도 몇몇의 부하들과 상황 속에서 효과적일 수 있다. 즉, 서로 다른 종류의 리더와 리더십행동이 부하와 상황 속에서 어떻게 보다 적합할 수 있느냐를 설명하는 이론이다. Hersey & Blanchard(1988)는 "어떠한 기업, 시기, 종업원에게 항상 적용되는 이상적인 규범적 리더십은 존재하지 않는다. 조직구성원이 갖는 문화적 차이, 특히 교육수준, 생활수준, 관습, 전통을 고려하지 않는다면 한 가지의 이상적이고 규범적인 리더십유형이 있을 수 있다"고 말했다. 이를 효과적으로 설명해줄 수 있는 것이 바로 환경적응론적인 리더십이론인 것이다. 일부 연구자들에 의해서는 상황

적응론적 접근방법(situational approach)으로 거론되기도 한다
(Mondy et. al., 1990: Hellriegel at al., 2001).

이러한 환경적응론적인 요인은 리더와 부하와의 관계, 과업구조
화의 정도, 리더의 직위력(Fiedler), 리더의 지적 능력(Csoka),
결정관계와 유형(Vroom & Yetton), 역할에 관계된 보상
(French & Raven), 역할에 관계된 주장(Miller), 결정수준
(Price), 가치관계(Flowers & Hughes) 등을 포함한다(Stewart
& Garson, 1983).

연구자들에 따라서 피들러의 환경적응론적 모형, 하우스의 통로
－목표이론, 허시－블랜차드의 상황적응론, 브롬－예턴－자고의
의사결정모형, VDL모델 등으로 구분하고 있다.

3. 과거의 리더십이론과 현재의 리더십이론

이제까지는 리더십이론을 ①특성론 ②행동론 ③환경적응론
등의 세 가지로 구분하여 살펴보았다. 특성론과 행동론은 어떤
상황이나 조직에도 보편타당하게 적용될 수 있는 유일한 최선
(one-best)의 리더의 특성이나 행동이 있다는 전제 하에 그것을
찾으려 하였고, 환경적응론은 상황을 달리함에 따라 최선의 것이
다른 리더십유형, 즉 각각의 상황에 적합한 리더십유형을 찾으려
고 했다(이한검, 1994).

특성이론적 관점으로 살펴본다면 실패하는 리더에게는 공통점이
있다. 즉, 그들에게는 리더가 갖추어야 하는 몇 가지 특성들이 결
여되어 있다고 추론할 수 있는 것이다. 그러나 어떤 특성들이 리더

십의 실패여부와 관련이 있는가에 관해서는 특성이론의 애매모호한 연구결과를 볼 때 확실하게 결론지을 수 없지만, 대체적으로 창의력과 성취동기의 결여, 사회성과 인지적 역량의 부족(Jago, 1982), 의사소통 능력과 인간적 배려의 취약(신유근, 1996; 백기복, 1998), 스트레스 저항력 부족(Yukl & Van Fleet, 1992), 자신감 결여(Yukl & Van Fleet, 1992) 등으로 요약될 수 있을 것이다. 이 변수들은 지금까지의 연구에서 리더십효과와 매우 놓은 상관관계를 갖는 것으로 나타났고, 따라서 이를 갖추지 못한 리더는 실패의 가능성이 보다 높다고 할 수 있겠다.(백기복, 2000).

행동론의 핵심내용은 성공적인 리더십을 발휘하기 위해서는 리더가 구조주도와 배려의 행동을 동시에 보여줄 수 있어야 한다는 것이다. 그리고 행동론에서 실패하는 리더란 항상 과업만을 중시하거나, 또는 항상 사람들과의 관계만을 중시하거나, 또는 둘 중 어떠한 성향도 보이지 않는 부류라고 할 수 있다.

환경적응론에 따르면 실패하는 리더가 따로 존재하는 것이 아니고 주어진 환경속에서 자기에게 맞는 유형을 선택하지 못하기 때문이다. 너무나 많은 상황변수들이 존재하기 때문에 그에 맞는 유형을 찾아내는 것이 쉬운 일만은 아니며 그만큼 실패의 가능성도 크다. 또한 거의 대부분의 경우에 선택은 리더에게 달려있어 이 또한 실패의 가능성을 높이고 있다.(백기복, 2000).

지금까지 살펴본 전통적 리더십이론들은 거의 통합이 안 된 채 리더의 어느 한 단면만을 설명하는 단점이 있다(Howell et. al., 1990). 특성이론은 리더의 어떤 특정 자질이 효과성의 기준이 되는지 밝혀주지 못하며, 행동이론은 리더십행동 중 어느 측면이 가장 중요한지가 상황에 따라 달라지는 한계를 보이며, 상황인식의 결여를 고려한 환경적응론은 리더의 행동범위가 너무 포괄적이며 상황변수를 지나치게 단순화시킴으로써 리더의 유효성을 설명하기에는 미흡하다.

이상과 같은 단점 때문에 이들 이론들은 나름대로의 한계로 인하여 리더가 부하들에게 어떻게 어떤 영향을 미쳐야 하는가에 관하여 분명한 일치를 보고 있지 않다. 따라서 21세기로 접어들면서 더욱 급변하고 있는 환경에 직면하기 위해서는 이제까지의 리더십과는 많이 다른 전통적 이론의 연구영역을 넘어서는 대안적 리더십이론이 필요하게 되었다(〈표 2-4, 2-5, 2-6〉 참조).

이 이론에는 〈표 2-4〉와 〈표 2-5〉에서 보는 바와 같이 변혁적 리더십(Bass, 1985), 카리스마적 리더십(charismatic leadership; Conger & Kanungo, 1989), 대체적 리더십(substitute for leadership), 특성론(attributiion theory), 계시적 리더십(inspirational leadership), 비전적 리더십(visionary leadership; Sashikin, 1988), 문화적 리더십(cultural leadership; Tric & Beyer, 1991) 등이 포함된다. 이러한 상황에서 Burns(1978)는 변혁적 리더십을 최초로 주창하였고, Bass(1985)는 그의 주장을 현대 경영조직에 적용하고 체계적으로 이론화하였다.

카리스마, 변혁적, 비전직, 문화저 리더십 등을 제시한 연구자들은 공통적으로 자신들이 연구한 리더십이 전통적으로 연구된 리더십과는 질적으로 큰 차이가 있음을 주장하고 있으며(Bass, 1985; House & Howell, 1992; Sashikin, 1988; Trice & Beyer, 1991), 심지어 두 리더십 종류간의 배타성까지도 논의되고 있다(Kuhnert & Lewis, 1987; Trice & Beyer, 1991). 그러나 Yukl(1989), Bass(1985), Halter & Bass(1988),

Kotter(1990) 등은 새로이 제기된 리더십과 거래적 행위는 간단하게 이분관계를 갖는 것이 아니며 상호배타적이 아니라고 주장한다.

　변혁적 리더십은 카리스마, 개별적 배려, 지적 자극 등의 개념 등을 통하여 정의되고 있으며(Bass, 1985), 비전적 리더십은 카리스마의 개념 중에서 특히 비전에 강조점을 두고 있으며(Sashikin, 1988), 문화적 리더십은 카리스마가 특별히 조직문화와 깊은 관련성이 있음을 강조하기 위해 붙여진 명칭이다.(Trice & Beyer, 1991). 한국의 이홍(1996)은 카리스마, 변혁적, 문화적, 비전적 등의 이름으로 불리우고 있는 새로운 리더십 개념을 카리스마적 리더십으로 명명하고 있는데, 왜냐하면 카리스마의 개념 없이는 변혁적, 문화적. 비전적 리더십 등이 정의될 수 없기 때문이라고 주장하고 있다.

<표 2-4> 새로운 리더십이론의 내용 구분(1)

	변혁론	카리스마론	대체이론	속성론	기타
White/Bedar(91)	○		○	○	
Stoner/Freeman(92)	○	○			
D.H.Holt als.(93)	○				
R.W.Griffin(93)	○		○		
DuBrin/Ireland(93)	○				
C.L.Bovee et als.(93)	○				
Greenberg/Baron(95)	○				
Kreitner/Kinicki(95)	○				
J.R.Schermerhon(96)	○				
Ivancevich/Matteson(96)	○	○	○	○	VDL
S.P.Robbins(96)	○	○		○	
Bartol/Martin(96)	○		○		

* 자료: 이한검(1994), 『경영학원론』, 형설출판사, p.454

〈표 2-5〉 새로운 리더십이론의 내용 구분(2)

기존의 리더십	새로운 리더십	대표적인 공헌자
비카리스마적 리더십	카리스마적 리더십	Conger(1985),Conger&Kanungo(1987,1988), House(1977), Nadler&Tushman(1990)
거래적 리더십	변혁적 리더십	Bass(1985),Bennis&Nanus(1985),Peters&Wateman(1982), Tichy&Devanna(1990)
관리/관리자	리더십/리더	Bennis&Nanus(1985),Bennis(1989), Hickman(1990),Kotter(1990), Peter&Austin(1985), Zaleznik(1977, 1990)
비비전적 리더십	비전적 리더십	Sashkin(1988), Westley&Mintzberg(1989)
비신비적 리더십	신비적 리더십	Nadler&Tushman(1989)

자료: A. Bryman, *Charisma and Leadership in Organizations*, SAGE Publications, 1992, p.107

이러한 리더십이론들은 공통적으로 리더가 자신의 추종자들에게 나아가 사회체계에 커다란 영향을 미칠 수 있는 예외적 특성을 지니고 있다는데 초점을 맞추고 있다. 그들은 부하들이 이기적으로 추구하고 있는 욕구, 가치관, 선호 그리고 열망을 공동체적으로 추구하도록 변환시킬 수 있는 능력을 지니고 있다. 이러한 리더는 부하들이 리더 자신의 사명에 고도로 몰입하도록, 그 사명의 성취를 위해서 개별적 희생을 감수하도록 만들어 보다 많은 일을 히도록 유도한다.

4. 리더십이론의 비교

소위 특성이론이라고 불리우는 초기의 리더십이론은 그 이름이 나타내듯이 리더가 갖는 신체적, 지적, 품성적 특성을 리더십의 본질로 인식하였다(백기복, 1996).

　이러한 특성이론이 1960년대에 들어 부정되면서 행동중심의 이론이 지배하게 되었고, 1970년에서 1980년대로 이어지는 상황이론적인 리더십도 리더의 행동이라는 사실에는 변함이 없었다.

　리더가 갖추어야 하는 특성의 내용도 지난 수십 년간의 연구를 통하여 많이 바뀌어왔다. 신체적 특성(신장, 체구 등)에서 능력적 특성(창의력, 지성, 지식 등)을 거쳐, 심리적·성격적 특성(자신감, 정직성, 지배성향 등)과 행동적 특성(지구력, 환경 적응력 등)에 이르기까지 많은 변화가 있었다(Jgo, 1982; Lorda et al, 1986; Kirkpatrick & Locke, 1991). 그리고 과거의 특성이론은 연구방법상의 문제점들로 인하여 많은 비판을 받아왔으나(Bass, 1990), 최근 들어 방법론의 발달과 새로운 관점들의 등장으로 그 유효성이 다양한 측면에서 재조명되고 있다((Locke et al, 1991; Conger & Kanungo, 1988; Nahavandi, 1997). 또한 Ritchie와 Moses(1983)은 리더십 특성이론에서 측정된 퍼스낼러티의 특성과 같은 특질의 정도가 실제로 경영효과성을 예측한다는 것을 밝혀냈다. 이 연구결과는 평가된 특성이 대부분 7년 후 경영자의 성공과 정의 상관관계에 있음을 보여주고 있다.

　최근에 이르러 다시금 리더의 특성을 부활시키려는 움직임이 있으며(Locke, 1991), 리더의 능력을 중시하는 이론도 제시되고 있다(변혁적 리더십에서의 '지적 자극')(백기복, 1996; Locke, 1991). 20여년 전에는 카리스마적 리더라는 것은 미국 경영학책에서나 강조되는 개념이었다(Bass, 1985; Bass, 1990; Burns, 1978; House, 1977; Shamir, House & Arthur, 1993; Yukl, 1998; Hartog, House, Hanges & Ruiz- Quintanilla, 1999). 카리스마적 리더십은 리더의 특성이라는 점에서 종래의 특성론이 약간 다른 형태로 강조되어 다시 등장한 개념으로서 카리스마적 리더십과 변혁적 리더십은 유사한 개념이다(Kuhnett & Lewis, 1987). 카리스마적 리더십과 변혁적 리더십은 부하들이 관심을 평가, 확장하고 조직과 개인의 사리사욕을 넘어서서 그들을 동기부여 시키는 개념을 포함한다(Bass, 1985a; Bass, 1991; Hartog, Muijen & Koopman, 1977; House, 1976). 또한 부하들을 지적으로 자극하고 부하들 간의 차이에 관심을 기울인다(Yammarino & Bass, 1990). 변혁적 리더십이론은 상징적 리더행동, 비전을 제시하고 영감을 가져다주는 메시지, 무언의 교감을 통한 의사소통, 관념적 가치관에 호소하는 행동, 부하들에게 지적 자극 제공, 리더 자신과 부하들에게 확신적 태도의 제시, 부하의 희생정신과 직무요구를 넘어서는 성과창출에 대한 리더의 기대 등의 내용을 강조한다. 이 리더십은 조직과 작업에 사기와 몰입을 주입하여 과업에 커다란 의미를 부여하는 것에 중요성을 둔다. 그러나 이러한 리더십의 개념이 모두 긍정적인 것은 아니며 카리스마의 부정적인 면도 잘 기록되어 있다(Conger, 1989; Howell, 1988; Kuhnert & Lewis, 1987).

카리스마적 리더십이론은 변혁적 리더십이론의 모태가 되며, 변혁적 리더십의 중요한 일부분이다(Bass, 1985a). 그러나 양자가 반드시 동의어는 아니며, 변혁적 리더십이 꼭 카리스마를 필요로 하는 것은 아니다. Aulio & Bass(1988), Yukl(1990)은 그들의 연구를 통해 변혁적 리더십과 카리스마적 리더십의 차이를 분명히 서술하고 있다.

변혁론과 카리스마론 등은 환경적응론이 가지고 있던 수동적인 성격을 벗어나서 보다 적극적인 주도노력을 강조하는 이론들이다.

이 이론들에 의하면 리더십의 실패란 변화를 추구하지 않고 현실에 안주하려 하는 경우에 발생한다.

카리스마적 리더십이란 부하가 자신의 일에 의미를 부여하도록 함에 있어서 부하의 인식이나 과업환경에 직접적인 영향을 미치거나 물질적 인센티브 또는 위협 등을 동원하기보다는 작업과 조직체를 도덕적 결의와 몰입 속으로 자연스럽게 흡수되게 만드는 방법을 사용한다. 즉, 그들은 카리스마적 리더십의 소유자는 전통적 리더십이론이 핵심적으로 다룬 사회적 교환행위, 지시, 지원행위, 강화행위 등에 관심을 갖기보다는 상징적, 비전적, 감화적 행위, 지적 자극행위에 관심을 둔다고 주장하고 있다(이홍, 1993).

카리스마의 효과는 다른 어느 리더십 요소들보다는 큰 것으로 많은 연구들에서 밝혀졌는데, 카리스마적 리더는 추종자들에게 비전을 제시하고 그의 달성을 위해서 몰입하도록 적절히 이끌 줄 아는 사람이기 때문이다. 그러나 카리스마는 긍정적인 면에 반에 부정적인 면도 가지고 있기 때문에 양자를 함께 살펴봄이 필요하다고 본다.

이상에서 고찰한 리더십이론을 시대별로 요약 및 비교하면 다음과 같다.

〈표 2-6〉 시대적 동향에 따른 리더십이론

기 간	접 근 방 법	강 조 점
-40년대 후반	특성론	리더의 능력은 타고난 것이며 리더와 비리더를 구별할 수 있는 능력이 존재한다.
40년대 후반 - 60년대 초반	행동론	리더십효과는 리더의 행동에 관련되며, 성공적인 리더와 비성공적인 리더는 그들의 리더십유형에 의해구별된다.
60년대 후반 - 80년대 초반	환경적응론	리더는 상황에 의해 영향을 받는다. 상황에는 리더와 부하들의 특성, 과업의 성격, 집단구조 등이 있다.
80년대 초반-	새로운 이론 (카리스마적, 변혁적 리더십 포함)	리더는 새로운 비전을 필요로 한다.

자료: A. Bryman, *Charisma and Leadership in Organizations*, SAGE Publications, 1992, p.1

제2절 리더로서 CEO 및 리더십의 유형

1. CEO(최고경영자)의 유형

1) 최고경영자(CEO)의 개념과 기능

CEO는 그 단어에서 보여지는 것처럼 기업의 경영실적에 대해 책임을 지는 마지막 보루(Chief)이고, 결단을 내리고 행동으로 옮기는 것이 본연의 임무(Executive)이며, 개인이 아닌 사회적 기관, 즉 기업의 중핵기구(Officer)이다(신현암, 2001).

즉, CEO란 기업경영의 최고 책임자를 지칭하는데, 조직의 성공에 대하여 궁국적이고 실질적인 권한 책임을 갖고 있는 인물로 정의된다. 그들은 대통령, 회장, 전무이사, 최고경영자(CEO; chief executive officer), 부사장 등과 같은 명칭을 갖는 최고경영층의 한사람이다(Hellriegel et als., 2001; Lussier, 1997; Daft, 1997; Lewis et al., 1995). CEO는 기업내의 최고위직 임원으로서 기업내에서 이루어지는 모든 활동에 대한 실질적, 최종적인 의사결정권과 책임을 가지는 자를 의미한다. 이와 같은 맥락에서 한 국가의 대통령, 대학총재, 병원장 등도 한 사람의 CEO라 할 수 있는 것이다(한창수, 2001). CEO는 상법상의 신분인 대표이사나 단순한 직위를 나타내는 사장과는 다르다. CEO는 통상 한 기업에 한 명밖에 존재하지 않는 최고위직의 경영자를 의미한다. 복수의 대표이사나 사장은 있을 수 있으나 복수의 CEO는 없는 것이 관례이다. Mondy & Pemeaux(1995)는 최고경영자는 조직의 최상급 실행자라고 했으며, Lewis et al.(1995)은 최고 경영자는 조직에 전략적인 방향을 공급하는 사람이라고 정의했다. 결국 최고경영자란 기업의 가치를 극대화하기 위해 기업 경영전반에 걸쳐 전략적 계획과 세부 운영계획을 수립하며 이를 바탕으로 경영활동을 수행하는 자로 지칭할 수 있다.

Daft(1997)는 최고경영자(CEO)의 책임은 조직의 목표를 설정하고, 그 목적을 달성하기 위한 전략을 수립하고, 외부환경을 해석하고 감시하며, 전체 조직에 영향을 미칠 수 있는 의사 결정을 하는 일이라고 했다. 또한 최고경영자의 책임 중 가장 중요한 것은 조직의 비전을 공유하여 의사소통하고, 기업문화를 구체화하고, 기업이 신속한 변화에 발맞출 수 있도록 기업가정신을 양성하는 일이라고 했다. Mondy & Pemeaux(1995)는 최고경영자는 기업의 전반적인 방향을 결정해야하는 책임을 지닌다고 했으며, Ivancevich & Matteson(1996)은 최고경영자의 기본적인 책임은 환경 속에서 기회를 포착하기 위해 전략적인 계획을 개발하는 것이라고 했다. 또한 Lussier(1997)는 최고경영자는 전반적인 조직이나 그 주요부분을 관리하는 책임이 있으며, 그들은 조직의 목적, 목표, 전략, 장기적인 계획을 정의하고 개발한다고 했다. Hellriegel et al(2001)은 최고경영자의 책임은 조직의 전반적인 방향과 운영을 결정하는 일이라고 했다.

기업의 권력분산이 잘 이루어진 미국의 경우 회장(Chairman)과 CEO의 역할은 분명히 다르다. 회장은 이사회를 대표하고 CEO는 기업경영의 최종책임을 진다. 이사회의 핵심 기능은 CEO를 비롯한 경영임원의 각종 의사결정 및 실적을 견제하는 것이다. DuBrin & Ireland(1993)는 이사회에서는 첫째 기업의 철학·사명·목적·전략을 승인하고 평가하며, 둘째 기업의 자원할당량, 자본평가방법, 그 외의 재무적인 문제를 통제하고 관리하며, 셋째 다각화·인수·합병 등을 평가하고, 마지막으로 최고경영자의 보수를 정한다고 말했다.

Katz(1990)는 업무수행에 관련된 능력에 따라 조직구성원을 세 가지 기능[1]으로 나누고 있는데, 최고경영자는 최상층인

---

1) Katz의 기능 혼합론(Skill mix theory)은 다음과 같이 세 가지 기능으로 분류된다.
①개념적 기능(conceptual skill)：최고경영자
②인간관계적 기능(human skill)：중간관리자
③기술적 기능(technical skill)：일선감독자

개념적 기능(conceptual skill)에 해당한다. Ivancevich & Matteson(1996)은 개념적 기능이란 전반적인 조직의 복합성, 어떻게 다양한 부분을 함께 적합시킬 것인가 하는 큰 그림을 보는 능력이라고 정의했다. 또한 Kanungo & Misra(1992)는 개념적 기능은 효과적으로 경영하고 전체적으로 성공시키기 위해 이념, 사명, 정책 및 전략을 수립하고 수행하는 능력이라고 정의했으며, Norburn(1986), Cahffee(1986), Rachman et al. (1990), Certo & Peter(1990), Hunger & Wheelen(1993)은 개념적 기능은 경영정책·전략을 개발해야 하는 가장 핵심적인 기능이라고 주장했다. 더욱이 Plunkett & Attner(1989), DuBrin et al.(1989), Daft(1991), Hellriegel & Slocum(1992), Holt(1993) 등은 개념적 기능이야말로 기업경영에 결정적으로 중요한 기능이라고 강조했으며, 특히 Hellriegel & Slocum(1992)은 경영전략가에게 가장 중요한 기능이라고 했다.

급변하는 기업환경과 치열한 세계적 경쟁 하에서 최고경영자가 수립하는 경영전략과 이에 따른 기업활동은 기업의 미래 운명을 결정짓게 된다. 때문에 전략적 경영의 과정은 기업과 환경간의 연결(match)을 유지하는 데 초점을 두고 있다거나 (Lyons, 1983), 경영전략은 기업과 환경을 잘 연결(align)시키는 일이라거나 (Hambrick, 1983), 기업의 전략이 그의 환경과 적합할 때 효과적이라는(Glueck, 1976; jauch & Glueck, 1988) 등의 주장도 나오고 있다. 즉, 전략적 경영은 미래를 다루며(Hodge & Anthony, 1991), 전략적 경영자는 기업의 환경을 추적(monitoring)하고 변화하는 미래를 예측할 책임이 있다(Boone & Kurtz, 1992)는 것이다.

2) 최고경영자(CEO)의 역할

오늘날 최고경영자의 역할은 너무나도 커서 기업의 성패를 좌우하고 있다. 기업의 역사를 되돌아 보면 유능한 최고경영자를 가진 기업은 대기업으로 성장과 발전을 하지만 아무리 거대기업이라 하더라도 최고경영자의 잘못된 정책결정과 집행으로 인하여 소멸되는 경우는 많았다. 이러한 역사적 과정을 외국과 우리나라의 경우로 조사해 보아도 잘 알 수 있다.

먼저 미국의 경우를 보면, 공룡에 비유되던 많은 기업들이 '과거의 영광은 미래의 영광을 보장하지 못한다'(Barnett & Wilsted, 1988; Morris & Brandon,1993)는 교훈을 남기고 사라져가고 있다. 이는 포천지가 선정하는 미국의 500대 기업들이 7년 후에는 절반이상 그 자취조차 없이 사라져버린다는 것을 보아도 잘 알 수 있는 사실이다. 미국에서는 89년 이후 10년간 상위 25대 기업(시장가치 기준) 중 60%가 탈락하였다. 25대 기업의 10년 후 잔존율은 계속 하락하여 경영환경의 변화와 경쟁의 강도가 점점 심해지고 있음을 지적해 주고 있다. 1969~79년 사이에는 잔존율이 68%를 기록했으나, 1979~89년에는 60%, 1989~99년에는 40%에 불과하다. Business Week(2000)에서 조사한 시장가치 25대 기업순위에 의하면 1969년 당시 1, 2위를 기록하던 IBM과 AT&T는 1999년 9위와 8위로 밀려났고, 1969년 9위를 기록하던 GE는 1999년 당당하게 2위로 등극하였음을 알 수 있다(Business Week, 2000. 2. 7). 전통 거대기업으로서 높은 기업가치를 인정받고 있는 기업들은 지속적인 구조조정을 추진한 기업들이었으며, 상위에 랭크되어 있는 그 외의 기업들은 해당분야에서 생존하기 위해 고유의 경영전략을 구사한 기업들이었다(삼성경제연구소, 2000).

국내에서도 99년 상위 30대 기업(시가총액 기준) 중 77%가 89년도에는 30위권 밖에 있었거나 당시 설립되지 않았던 기업들이다. 한국의 기업은 짧은 역사에도 불구하고 성장과정에서 급격한 판도의 변동을 경험했다. 1964년 상의 10개 대기업집단 중 현재까지 동일한 지위를 점하고 있는 기업집단은 삼성과 LG, 2개에 불과하다. 90년대 후반 국내기업들은 대외 여건변화에 둔감하였고, 근본적인 구조조정과 체질개혁에 실패한 많은 기업들이 퇴출되었다. 때문에 기업순위는 세간의 관심사에 그치는 것이 아니라 기업의 환경적응력과 경영기조의 변화를 유도하는 능력을 의미하는 것이다. 1965년 국내 100대 기업중 99년까지 100대 기업으로 잔존한 기업은 13개뿐이고[2], 1960년 이후 세계 100대 기업의 30년간 잔존율은 38%, 미국기업은 21%, 일본기업은 22% 정도에 지나지 않았다(삼성경제연구소, 2000).

경영계획이라는 것은 불확실성으로 가득 찬 환경을 헤쳐나가기 위한 지도이다. 불확실성의 상황 하에서는 완벽한 계획수립보다는 지속적인 모니터링과 수정이 더 중요하다고 볼 수 있다. 끊임없는 환경과의 교호작용을 통해 진로를 유연하게 수정하지 않는 기업은 생존 자체가 불가능한 것이다. Scott(1981)는 환경에 더욱 잘 적응하는 조직일수록 더 잘 생존할 수 있음은 진리라고 역설했으며, Schoderbek et al.(1984)는 기업환경이 경영관리

---

2) 자료: 복부민부(1991), 『일본이 본 한국의 기업경영과 재벌』, 공정위 『대규모 기업 진단 지정』(1964, 1974, 1980, 1985, 1990, 1999).

의 모든 분야에 적용되기에 이르러 환경적응적 경영(contigency managerment)이라는 개념이 등장하기에 이르렀다고 주장하였다. 그리고 그 중심에는 최고경영자(CEO: Chief Executive Officer)가 있다. 경영자가 미래의 기업환경을 얼마만큼 정확히 예측하고 적응하는가에 따라서 미래의 기업의 성공이 좌우된다고도 할 수 있다(Boone & Kurtz, 1992). 그러나 환경을 이미 주어진 것(as a given)으로 보고 조직을 환경에 적응시키려고만 한다는 환경적응론적인 관점은 종래의 환경적응론에 가장 큰 비판의 내용이 될 수 있다. 이에 새로 등장한 신환경적응론은 환경이 일방적으로 조직을 결정하기만 하는 것이 아니라 조직도 환경을 결정할 수 있다는, 다시 말해서 조직은 수동적으로 환경에 적응하기만 하는 것이 아니라 전략을 통해서 환경에 주체적으로 적응하기도 한다는 관점에서 전략의 개념과 최고경영자의 역할이 더욱 중요해지는 것이다.[3]

Peters & Waterman(1961)에 의하면 많은 기업들에 있어서 경쟁력 향상을 위한 리더십을 발휘하고 있는 기업에는 변혁적 리더십이 나타나고 있으며, 이들 기업들이 변혁적 요인들이 강하게 나타나고 있다고 주장했다. 그러나 운영이 원활한 기업은 거래적 리더십에 따라 조직을 운영하는 관리특징을 지니고 있다.(Bass, 1985). 따라서 기업의 구조조정이라는 최대의 위기상황을 슬기롭

---

3) 삼성전자의 진대제사장은 CEO의 역할에 대해서 그 첫 글자를 따서 ①'명확화(Clarify)'를 통해 비전과 가치, 역할, 목표를 제시하고 전략을 확실히 해야하고 ②'활기부여(Energize)'를 통해서 직원을 격려하고 동기를 부여해야 하며 ③'조직강화(Organize)'를 통해서 구성원간의 조율과 연결을 원활히 하고 조화와 중재를 실천해야한다고 주장했다(매일경제, 2001.10.27).

게 극복하기 위해서는 혁신적이고 미래지향적인 비전을 제시할 수 있는 변혁적 리더와 불리한 환경을 극복할 수 있는 제대로 된 전략이 필요하다. 기업전략의 진가는 위기시에 발휘되는 것이다.

경영전략분야의 저명한 Quinn이라는 학자는 '전략이란 본질적으로 확실하고 예측 가능한 것을 다루는 것이 아니라, 불확실한 것을 다루는 것'이라 하였다. 뛰어난 전략 창출을 위해서는 어떠한 현상의 동향이나 추이에 대한 정보나 자료분석을 넘어서서 인간이 가진 예지적 통찰력이 뒷받침되어야만 한다는 이야기이다. 진정한 전략가는 불확실성과 모호성 속에서도 흐름을 간파할 수 있는 전문적 지식과 통찰력을 구비해야만 하는 것이다. 그러한 지식과 통찰력을 구비한 전문가가 바로 우리가 필요로 하는 '진정한 리더'인 것이다. 따라서 경영환경의 불확실성이 커질수록 CEO의 비중은 그만큼 커져간다. 1960년대의 독일 경영·경제학자들은 주로 기업도산의 원인을 최고경영자의 부실경영에서 찾았을 정도로(Keiser, 1966) 기업경영에 있어서의 최고경영자의 비중은 절대적이라고 할 수 있겠다.[4]

기업의 경영전략이라는 것은 기업들을 구별할 수 있는 중요한 특성을 만들게 되는 것으로, 전략은 기존의 것들을 다르게 하기보

---

4) 최고경영자 교체공시가 주식의 비정상수익률에 미치는 영향을 분석한 Reinganum(1985), Beatty & Zajac(1987), Furtado & Rozeff(1987), Warner et al.(1988), Weisbach(1988), Bovvier & Bruner(1987), Denis(1995)등의 연구 결과를 보면 기업가치에서 최고경영자의 위치가 차지하는 비중이 얼마나 큰지 알 수 있다. 또한 Weinet & Mahoney(1981), Thomas(1988), Smith et al.(1984), Davis & Blake(1986) 등의 연구를 통해서도 유능한 최고경영자의 교체와 조직성과간에는 긍정적인 영향관계가 있다는 것을 알 수 있다.

다는 무언가 다른 것을 함으로써 미래의 기회를 확대하는 것으로 이해할 수 있다. Prahalad & hamel(1994)는 조직이 아무리 효율적이 된다고 하더라도 전략적인 방향의 설정은 여전히 필요하다고 정의 했다. Bracker(1980)는 전략이란 기업의 가장 근본적인 장기목적을 결정하고, 그 목적을 이루기 위한 행동방향을 결정하며, 목적을 달성하는데 필요한 자원의 배분을 결정하고, 그 모든 것을 위한 환경분석을 하는 일이라고 그 중요성을 역설했다.

3) 최고경영자의 유형

최고경영자는 오너형과 전문형으로 구분된다. 오너형 최고경영자에 대하여 Boeker & Goodstein(1993)은 기업의 소유주로서 기업의 소유주식을 기준으로 정의하였다. 그러나 우리 나라 기업의 실정을 고려할 경우 전략적 의사결정의 단계에서 간과될 수 없는 기업의 실질적인 의사결정 책임자를 기업의 오너형 최고경영자로 정의할 수 있다. 즉, 오너형은 실질적인 대주주 또는 그의 존비속으로서 기업의 전략적 의사결정에 영향력을 행사될 수 있는 위치에 있는 자라고 정의할 수 있다.

전문형 최고경영자는 상장회사협의회에서 발행한 자료인 「상장회사 경영인명록」에 등재된 전체 최고경영자 중에서 가족(부모, 형제, 친인척 등)의 관계로 간주되는 인물을 제외한 나머지의 경영자라고 정의할 수 있다.

2. 리더십의 유형

1) 변혁적 리더십

변혁적 리더십이란 부하들로 하여금 더 높은 목적을 추구케 하고, 그들의 관심을 확장시킴으로써 자신들의 이해관계를 집단의 이해관계에 종속시키게 하는 것이다. 변혁적 리더십은 단순한 부하의 추종 이상의 것을 바탕으로 하고 있다. 즉, 부하의 가치와 욕구, 믿음에 있어서 변화를 수반하는 개념인 것이다. 변혁적 리더는 환경을 변화시키려는 가시적 특성보다는 자기확신과 강력한 이념적 신념을 보다 특징적으로 보유하고 있으며, 자신의 부하들에게 높은 기대감을 부여하고, 확신감을 불어넣어 주고, 개별적인 배려를 하여줌으로써 부하들을 변화시켜나갈 수 있다(Bass, 1985; House, 1977; Woycke & Foder, 1988). 변혁적 리더의 부하들은 리더에게 강한 긍정적 반응을 보여주며, 리더의 기대를 넘어서서 성과창출을 위한 여분의 노력을 보여주기도 한다(Bass, 1985a). 또한 그들은 리더가 보유한 사명에 강한 몰입을 하며, 리더의 신념을 자신의 신념처럼 수용하거나 동의한다. 나아가 자신의 능력에 대한 확신이 높아지고, 리더에 의해 지지되고 있다는 느낌을 보유하게 된다.

1980년대 이후에는 변혁적 리더십이나 카리스마적 리더십이라는 용어가 자주 등장하는데, 이는 미국의 기업들이 다른 나라에 비해 뒤떨어짐을 자성하는 데서 기인하고 있다.

변혁적 리더십은 카리스마적 리더십, 영감적 리더십, 상징적 리더십 등의 여러 개념으로 거론된다(Hatet & Bass, 1988;

Barney & Griffin, 1992). 이러한 리더십은 사명감을 전달하고, 학습경험을 자극하며, 새로운 사고방식에 영감을 불어넣는다. 또한 안정적이라기보다는 변화를 추구하는 과정이다(Moorhead & Griffin, 1992). 특히 변혁적 리더십은 위기상황에서 리더가 변화의 필요성을 인식하고, 그 변화를 잘 이끌 수 있도록 상상력을 발휘하고, 그 변화를 효과적으로 수행할 수 있는 능력이다.

이한검 교수(1994)는 변혁적 리더십은 특성론에 크게 의존하고 있으며, 부하의 신념, 가치관, 목적에 영향을 미치고 부하로 하여금 거래적 리더십에서 기대한 것 이상의 업적을 달성하도록 하는 영감적(inspirational)인 리더십이고, 무엇보다도 기업을 변혁(transform)시키고 부흥(revitalize)시키는 특징을 가지고 있는 리더십이라고 주장했다.

변혁적 리더십이 전개되는 과정은 부흥(revitalization)의 필요성을 인정하고(제1단계), 새로운 비전을 창조하고(제2단계), 변혁을 제도화하는(제3단계) 세 가지 단계로 설명할 수 있다.(Tichy & Devanna, 1990; Gordon, 1993).

Kouzes & Posner(1987)는 비전이란 '미래의 이상적으로 독특한 이미지'라고 정의 했고, Bennis & nanus(1985)는 '리더가 달성하려는 상품, 서비스, 그리고 조직을 머리 속에다 그려놓은 이미지'라고 정의했으며, House & Shamir(1993)는 '조직이 추상적 이미지', 이것이 바로 비전의 핵심이다. 변혁적 리더십이 내세우는 비전과 목표(goals)는 철저하게 다른 개념이다. 비전은 일반적이며 이념적인 성격이 강하여 실제적으로 완벽하게 성취될 수 없는 속성을 갖는 반면, 목표는 구체적이며 실제에 있어 달성 가능한 형식으로 표현된다. 비전은 조직 전체의 구성원들과 관련되는 반면에 목표는 개인이나 팀수준에서 더 많이 쓰인다. 그러나 양자가 추종자들의 성과에 영향을 준다는 측면에서는 유사하다 (백기복, 2000). Baum et al.(1998)은 비전의 속성으로 일곱 가지①간결성 ②명확성 ③추상성 ④도전성 ⑤미래지향성 ⑥안정성 ⑦동기유발정도(Baum et al., 1998)를 제시하면서 그 수치가 높은 비전일수록 높은 성과와 연결된다고 주장했다. 비전은 서면으로 전달될 수도 있고, 개인적인 연설을 통해 전달될 수도 있지만, 대부분의 학자들은 연설이나 잦은 비공식적인 대화를 통해서 비전의 핵심을 전달하는 것이 보다 바람직하다고 주장하고 있다.(Conger & Kanungo, 1987; Locke et al., 1991; Tichy & Devanna, 1986; Bass, 1985a).

2) 거래적 리더십이론

거래적 리더십(transactional leadership)은 변혁적 리더십과는 반대되는 개념이다. 변혁적 리더십이 강한 사명감과 아울러 리더와 부하간의 신뢰감과 존중감을 통한 인격적 관계를 중시하는 반면에 거래적 리더십은 공식적이고 제도적인 규칙이나 보상, 규제 및 벌칙 등에 근간을 두고 있다(Yammarino, Dubinsky, Corner & Joson, 1997). 거래적 리더십은 개인이 가치있는 어떤 것을 교환할 목적으로 다른 사람과의 협약에 있어서 주도권을 취할 때 발생한다. 즉, 리더는 교환(exchange)이라는 시각을 가지고 부하에게 접근한다(Burns, 1978). 리더와 부하들의 관계는 상호간에 영향을 미치는 교환에 바탕을 두고 있다는 관점으로 리더는 부하들에게 이해관계를 호소함으로써 동기유발을 한다. 교

50

환은 리더에 대한 맹종에 대하여 부하들이 받는 임금, 명성 따위를 뜻한다. 일반적으로 리더와 부하들 간의 묵시적 교환을 한정하고 있는 기존의 전통적 리더십이론 모두가 여기에 속한다고 볼 수 있다. 따라서 거래적 리더십은 리더-부하의 교환관계로 대표된다. 이것은 그 자체가 강화전략으로 적합하다. 즉, 부하는 보상을 얻기 위하여 또는 징벌을 피하기 위하여 해야만 하는 것이 무엇인지를 배우게 된다(Waldman & Bass, 1986).

거래적 리더십은 부하의 이익(self-interest)을 자극함으로써 동기부여하며, 종래의 행동론적 리더십 및 환경적응론적 리더십과 관련된 유사한 개념으로서, 통로-목표이론과 깊이 관련되고 이들의 관점을 응용하며, 현재의 업적유지와 잘 구조화된 문제의 처리에 초점이 있기 때문에 일상적인 경영활동과 동의어로 생각한다. 즉, 거래적 리더십은 리더가 보상이나 벌을 사용하여 부하들이 자신의 직무요구를 충족시키도록 동기부여시키는 형태의 리더십인 것이다. 중요한 것은 부하들의 이해관계 충족여부에 따라 그들의 동기부여가 결정된다는 것이다. 따라서 부하의 욕구와 조직의 보상을 근거로 한 교환관계가 성립된다는 가정을 지지하고, 이들의 교환관계를 통해서 동기부여효과를 얻을 수 있다는 것이다(Bass, 1985).

거래적 리더십은 ①보상 ②예외관리 ③자유방임 등으로 구성된다(Bass, 1985a; Bryman, 1992; Bass & Avolio & Goodheim, 1985; Waldman & Bass, 1984). 보상은 리더가 부하들의 업적 수준과 만족에 관계된 보상을 하는 것을 의미하며, 예외관리란 능동적인 개념과 수동적인 개념을 모두 생각할 수 있으며, 능동적인 개념은 비정규성이 생겨날 때 요청되고, 수동적인 개념은 확립된 절차가 그대로 수행되지 않을 때 중재하는 경향을 의미한다. 자유방임은 부하들에게 책임감을 위양하는 것을 의미하는 개념으로서, 리더십의 부재라고 볼 수 있다.

Luechauer & Schulman(1996)은 변혁적 리더십을 기존의 리더십(거래적 리더십)에 대비하여 New Leadership이라고 부른다(Luechauer & schulman, 1996).

지금까지 거래적 리더십과 변혁적 리더십의 성과에 대한 많은 연구가 이루어 졌는데 서로 다른 리더와 서로 다른 산출물에 대한 관심은 변혁적 리더십이 거래적 리더십보다 훨씬 더 효과적이었음을 증명해주고 있다(Bass, 1996; 1997; House & Shamir, 1993). 이러한 내용을 정리하면 〈표 2-7〉에서 보는 바와 같다. 소규모의 비공식적인 집단(Howell & higgins, 1990), 공식적인 작업단위 (Hater & Bass, 1988), 군대단위 (Shamir, Zakay, Breinin & Popper, 1998), 복합적인 조직의 주요단위(Howell & Avoilo, 1993), 미국대통령(Deluga, 1997; House, Spangler & Woyche, 1991; Simonton, 1987)등의 다양한 영역에서의 연구는 거래적 리더십보다 변혁적·카리스마적 리더십이 더 이상적임을 보여주고 있다(Hartog, House, Hanges & Ruiz-Quintanila, 1999).

<표 2-7> 거래적 리더십과 변혁적 리더십의 차이

	거래적 리더	변혁적 리더
현 상	본질적으로 현상과 맞추거나 현상을 유지하려고 노력	본질적으로 현상에 반대하거나 현상을 변화시키려고 노력
목표지향성	목표가 현상에 크게 어긋나지 않음	이상화된 목표는 항상 현상과 크게 다름
시간에 대한 견해	단기전망을 가지고 있음	장기전망을 가지고 있음
동기부여	즉각적인 유형의 보상을 얻도록 부하들을 동기부여함	보다 높은 단계의 개인적 목표(자아실현)를 추구하도록 고무시킴으로써 부하들을 동기부여함
행동표준화	부하들이 규칙과 관습을 따르는 것을 좋아함	부하들로 하여금 혁신과 실험을 하도록 격려
문제해결	부하들의 문제를 해결해주거나 해답이 있는 곳을 알려줌	문제를 제기함 함께 문제를 해결하거나 부하 스스로 문제해결을 하도록 격려함

자료: 이덕로, "변형적·거래적 리더십이 부하의 추가노력, 직무만족 및 조직몰입에 미치는 영향", 『인사관리연구』 제18집, 1994, pp.217-239에서 요약.

3) 카리스마적 리더십이론

1980년대 후반부터 1990년대 말에 이르기까지 카리스마적 리더십이론이 각광을 받아온 것은 아마도 두 가지 이유 때문일 것이다. 하나는 카리스마적 리더십이 성과와 높은 상관관계를 갖는다는 점이고, 또 다른 하나는 비전과 혁신이라는 시대적 욕구를 이론의 핵심내용으로 다루고 있다는 점이다. 특히 카리스마적 리더십은 추종자들의 개인적 성과에만 영향을 미치는 것이 아니라 조직의 성과에도 직·간접적으로 영향을 미치는 것으로 나타났다 (Baum et al. 1998).

카리스마는 광의적 의미로는 리더의 특성으로서(Bass, 1985a; 1988; Woyche & Fodor, 1987; Kirkpatrick & Lock, 1991) 리더가 부하들을 동기부여 시키기 위해서 영감적인 대화를 할 때 특히 더 많은 영향을 준다. Weber(1947)는 카리스마적 리더십을 하위자에 의한 지각(perception)이라고 보고 있듯이 리더가 남들이 갖지 못한 천부적 특성을 갖고 있다고 하위자들이 느낄 때 리더는 카리스마적 리더십을 발휘하게 된다고 보고, 추종자들은 리더가 갖고 있는 어떤 특성을 실제보다 더 큰 것처럼 느끼게 된다고 하였다. 또한 카리스마적 리더십은 개인의 퍼스낼러티를 바탕으로 하는 것도 아니고 상황적으로 결정되는 것도 아니며, 오히려 관계적·지각적인 것으로 보았다(Willner, 1984). 기존의 사회, 문화, 종교계의 카리스마적 리더와 비카리스마적 리더의 특성을 구분한 정치학자, 역사학자, 사회학자들의 업적을 종합하여 리더십은 특성이라기보다는 리더, 부하, 상황 등의 관계성이라는 관점에서 세가지의 상호작용으로 설명할 수 있다(House, Spangler & Woyche, 1991). 따라서 리더의 카리스마를 유효하게 하기 위해서는 리더와 부하들은 반드시 기본적 신념과 가치를 공유해야만 한다. 이때 리더의 특성에는 비전, 과장하는 기능, 이미지와 신뢰의 형성, 개인화된 리더십이 포함되고, 부하의 특성에는 리더와 비전에의 일체감, 높은 감정수준, 리더에 대한 복종의 의지, 자격인정의 느낌 등이 포함되며, 상황의 특성에는 위기, 과업의 상호의존성 등이 포함된다. 따라서 〈표 2-8〉은 다양한 영역에서의 카리스마적 리더십을 실증적으로 연구한 결과를 보여주고 있다.

<표 2-8> 다양한 영역에서의 카리스마적 리더십에 관한
실증적 연구

중간관리자 & 일반관리자	Bass & Ysmmarino(1988) Conger & Kanungo(1994) Conger, Kanungo, Menon & Mathur(1997) Deluga(1995) Hater & Bass(1988) Koene, Pennings & Schrender(1991)
상급관리자	Agle(1993) Agle & Sonnenfeld(1994) Conger(1985) Conger(1989)
미국대통령	House, Spangler & Woycke(1991)
교육행정가	Koh, Terborg & Steers(1991) Roberts & Bradley(1988) Saahkin(1988)
육군사관학교 생도와 리더	Atwater, Camobreco, Dionne, Avolio & Lau(1997) Curphy(1990) Howll & Avolio(1993) Koene et al.(1991) Waldman & Ramirez(1992)
실습실 실습학생	Howell & Frost(1989) Kirkpatrick(1992) Kirkpatrick & Locke(1996) Puffer(1990) Shmir(1992) Shamir(1995)

자료: J. A. Conger & R. N. Kanungo, *Charismatic Leadership in Organizations*, SAGE Publications, 1998, p.4

또한〈표 2-9〉는 카리스마적 리더와 비 카리스마적 리더의 행동을 정리한 바와 같이 현상에 대한 관계, 미래의 목표, 비전의 호감, 환경과 표현, 권력기반과 부하들 간의 관계가 뚜렷하게 비교되었다.

<표 2-9> 카리스마적 리더와 비카리스마적 리더의 행동

구성요소	카리스마적인 리더	비카리스마적인 리더
현상에 대한 관계	본질적으로 현상을 반대하고 그것을 바꾸기 위해 노력한다. (Apple의 Steve Jobs)	본질적으로 현상에 동의하고 그것을 유지시키기 위해 노력한다.
미래의 목표	이상화된 목표의식은 현상으로부터 많이 어긋났다. (도미노의 피자개념의 Tom Monaghan)	목표는 현상으로부터 많이 어긋나지 않는다.
호 감	공유하는 비전, 이상화된 목표 의식은 그들을 모방, 동일시의 가치가 있는 호감이 가고 존경 할만한 주인공으로 만든다. (크라이슬러사의 처음 3년간의 Lee Iacocca)	공유할 수 있는 비전은 그들을 호감가게 만든다.
환경의 감수성	현상을 변화시키기 위한 환경 감수성에 대한 높은 요구 (듀퐁사의 Edgar Woolard)	현상을 유지시키기 위한 환경의 감수성에 대한 낮은 요구
명확한 표현	관리에 대한 미래의 목표의식과 동기부여의 강하고 명확한 표현 (EDS의 Ross Perot)	관리에 대한 목표와 동기부여의 약한 표현
권력의 기반	유일한 주인공을 위한 전문적 지식, 존경, 찬탄에 기초한 인간의 힘 (SAS의 Jan Carlzon)	지위의 힘과 인간의 힘 (다른 사람과 유사한 친구에 대한 호감, 전문적 지식)
리더와 부하간의 관계	엘리트, 기업가, 모범적인 사람 (Mary Kay화장품의 Mary Kay) 주창된 급진적인 변환을 공유하기 위해 사람들을 변화시킴 (폴라로이드 카메라의 발병가인 Edward Land)	평등주의자, 찾는 것 또는 지도적인 것의 일치. 그들의 관점을 공유하기 위해서 사람들의 주의를 끌고 명령한다.

자료: ① J. A. Conger & R. N. Kanungo, "Toward Behavioral Theory of Charismatic Leadership in Organizational Settings", *Academy of Management Review, Vol.12*, 1987, p.641 ② J. M. Ivancevich & M. T. Matteson, *Organizational Behavior and Management*, Irwin, 1993, p.464

　지금까지의 연구에 의하면 카리스마적 리더의 부모들은 계층, 인종, 종료, 교육정도, 출신지역 등에 있어서 서로 신분이 상이한 부부인 경우가 많았고, 또 사회적·심리적으로 지배집단이 아니었으며 주변집단에 속해 있었다. 이러한 배경에서 성장한 카리스마적 리더들은 그 덕분으로 사회의 다양한 집단이나 각계 각층과의 복수적 동일시가 가능하였고, 심리적·사회적으로 어느 한 계층에 고정되지 않을 수 있었다. (Bryman, 1992)

　Friedman et al.(185)은 카리스마적 리더가 비언어적으로 자신의 감정을 훌륭하게 표출시킨다고 하면서 표현력이 풍부한 사람은 다른 사람을 감동시키고 사로잡기 위하여 비언어적 단서를 사용할 수 있다고 하였다(Friedman et al, 1985). 심지어 그들의 공식적인 지위가 지시하는 것보다 훨씬 더 효과적일 수 있다.

　지금까지 여러 논자들에 의해 종합된 카리스마적 리더십의 특성은 대체로 ①자신감 ②비전 ③비전을 분명히 할 수 있는 능력 ④비전에 대한 강력한 확신 ⑤평범하지 않은 행동 ⑥변혁주체 ⑦환경의 감수성 ⑧의사소통의 주인공 ⑨정력과 행동지향성 등이라 할 수 있다(이한검, 1994).

　카리스마적 리더의 행동에 관한 연구는 단편적으로 흩어져 있어 체계적인 개념정립이 미숙한 단계이기는 하지만 여러 논자들의 연구 중 공통된 부분을 요약하면 ①역할의 모형화를 통해 부하가 수락, 찬성하기를 바라는 가치와 신념을 표명함 ②능력을 가지고 있고 성공할 수 있다는 인상형성(image building)이 조직이 바람직하고 이상적인 목표를 표명함 ③부하에 대한 높은 기대와 그에게 높은 목표달성을 위한 능력이 있다는 믿음을 나타냄으로써 결과적으로 부하가 리더의 목표달성에 더욱 정진하고 기대에 어긋나지 않도록 노력하게 함 ④사명의 수행에 관련된 동인 (motives)을 자극하려 함(예: 경쟁자, 성취욕구 등) 등의 내용을 포함하고 있다(이한검, 1994).

카리스마적 리더십이론은 변혁적 리더십이론의 모태가 되며, 변혁적 리더십의 중요한 일부분이다(Bass, 1985). 양자가 반드시 동의어는 아니며, 변혁적 리더십이 꼭 카리스마를 필요로 하는 것은 아니다(Bryman, 1992).

Bass(1985)의 강력한 부인에도 불구하고 많은 학자들이 카리스마적 리더십과 변혁적 리더십을 같은 이론으로 취급하고 있다 (Bass, 1988). 그간의 다양한 실증연구결과를 보더라도 변혁적 리더십의 세 가지행위(카리스마, 개별적 배려, 지적자극) 중에서 카리스마의 효과가 단연 지배적인 것으로 나타나고 있다.

두 가지 개념을 구태여 차별화 한다면 변혁적 리더십에서는 카리스마를 여러 행위들 중 하나로 취급하고 있다는 점을 들 수 있다. 카리스마적 리더십은 리더의 행위뿐만 아니라 특성까지도 리더십형성에 도움이 되는 것으로 주장하고 있는 반면에, 변혁적 리더십에서는 주로 행위에 초점을 맞추고 있다. 또한 카리스마적 리더들은 조직이 아니라 자신에 대한 충성을 추구할 가능성이 변혁적 리더보다 더 큰 것으로 평가되고 있다. 리더 자신에 대한 충성이 강조될 경우에는 추종자들이 조직의 목표와는 구별되는 리더의 목표를 추구함으로써 조직에 해를 끼칠 수도 있다(백기복, 2000).

카리스마적 리더십이론의 경우 초기에는 리더와 하위자간의 강한 정서적 유대관계를 바탕으로 이루어지는 리더십과정을 설명하는데 초점이 맞추어졌으나(House, 1977), 최근에 제시된 카리스마적 리더십이론(Conger & Kanungo, 1987; Conger &

Kanungo, 1988; House & Shamir, 1993; Shamir, House & Arthur, 1993) 등은 카리스마적 리더십이 개념을 그 개념을 확장시킴으로써 변혁적 리더십이 주장하는 내용과 수렴점을 찾아가고 있다. 또한 비전적 리더십이론과 문화적 리더십이론의 경우에도 주장하는 내용은 변혁적 리더십과 거의 유사하다. 때문에 House & Shamir(1993)는 변혁적 리더십과 카리스마적 리더십 그리고 비전적 리더십간의 이론적 통합이 멀지 않은 장래에 이루어지리라고 보고 있다(House & Shamir, 1993).

제3절 의사소통이론

1. 의사소통의 개념 및 중요성

의사소통(communication)은 사람과 사람 사이에서 정보가 이동하는 과정을 지칭하며(강민주, 1980), 문자 그대로 해석하면 하나 또는 하나 이상의 유기체가 다른 유기체와 지식·정보·의견·신념·감정 등을 고유 또는 공통화하는 행동이라고 할 수 있다(진영식, 1968). 이와 같이 의사소통이란 일반적으로 개인, 집단, 조직과 같은 사회적 주체들 간에 어떤 의미가 포함된 메시지나 정보를 상호 교환하여 공유하는 사회적 과정을 말한다(Jones, 1996).

기업조직 내에서는 구성원들 간, 부문간 또는 계층간에 의사소통을 통하여 경영환경 및 조직의 내부상황에 관한 정보나 의견을 교환하거나 업무활동을 조정하고 업무진행상황을 경영층에 보고하는 활동이 이루어지며, 또한 경영자가 경영활동의 지침이나 유용한 정보를 조직구성원에게 하달하는 활동도 이루어진다. 이와 같이 조직 내에서 이루어지고 있는 의사소통을 특히 조직내 의사소통(organizational communication)이라고 하는데, 조직내 의사소통은 조직 내에서의 개인이나 집단들 간에 메시지나 정보를 상호 교환하여 공유하는 활동이나 과정을 말한다. 조직내 의사소통은 개인간, 개인과 집단간, 집단구성원들 간, 집단간, 집단과 조직간에 이루어지는 의사소통을 모두 포함한다.5)

이상에서 고찰한 바와 같이 의사소통은 조직활동에 있어서 꼭 필요한 활동으로서 다음과 같은 중요성을 가지고 있다.

첫째, 의사소통은 조직구성원들의 활동을 조정하고 통합하는 기능을 함으로써 집단 목표성을 위하여 구성원들의 역량이 결집될 수 있도록 한다. 의사소통은 회사의 경영목표와 부서의 목표, 직무수행방법, 행동의 표준, 필요한 변화 등에 관한 정보와 지식을 알려줌으로써 구성원들이 효과적으로 업무를 수행할 수 있도록 도움을 준다.

둘째, 의사소통은 조직구성원들을 동기부여하는 유용한 수단이다. 의사소통을 통하여 조직구성원들이 좌절이나 만족과 같은 감정을 표현하게 함으로써 스트레스를 해소할 수 있을 뿐만 아니라, 구성원들 간의 사회적인 접촉을 가능하게 함으로써 인간의 사회

---

5) 두 사람사이에 이루어지는 의사소통을 특히 대인의사소통(interpersonal communication)이라고 하고, 셋 이상의 구성원들 간이나 집단간에 이루어지는 의사소통을 조직의사소통(organizational communication)이라고 한다(Steer, 1991).

적 소속욕구와 같은 기본욕구를 충족시켜 준다.

셋째, 의사소통은 집단 또는 조직의 구성원들이 창의적이고 신속하게 업무를 수행할 수 있도록 활력을 불어넣어 준다. 의사소통이 원활하게 이루어지면 업무를 수행하는 과정에서 구성원들 상호간에 건설적이 자극을 줌으로써 사회적 촉진을 일으키고 상호간에 학습을 유발하며, 개방적이고 민주적인 조직운영이 가능해진다.

넷째, 의사소통은 구성원들로 하여금 변화된 상황에 적응하도록 하며, 나아가 조직혁신을 촉진한다. 조직에 몸담고 있는 구성원들에게 조직의 변화 및 경영환경의 변화에 대한 정보를 제공해 줌으로써 조직변화에 대응할 수 있도록 도움을 주며, 새로 들어오는 구성원들에게도 집단이나 조직의 가치규범, 역할, 성과기준 등을 제공함으로써 조직사회화를 촉진한다.

다섯째, 의사소통은 인간이 집단이나 조직을 이루어 활동하는데 있어서 가장 기본적인 활동이다(신유근, 1997). 그러므로 경영혁신이 성공을 거두어 기업이 지속적인 성장을 추진하기 위해서는 의사소통을 더욱 활성화시켜야 한다.

2. 의사소통의 유형

조직내의 의사소통을 연구하는 학자들은 여러 가지 방법을 통하여 그 유형을 분류해 왔는데,6)가장 일반적으로 활용되고 있는

---

6) 의사소통의 유형분류기준 중 중요한 것으로는 공식적 또는 비공식적, 의사소통이 이루어지는 방향, 발신자와 수신자의 수, 의사소통의 매체 또는 수단, 의사소통 네트워크의 형태 등을 들 수 있으나, 본 연구에서는 연구목적상 의사소통을 공식적 의사소통과 비공식적

분류방법은 의사소통의 공식성 또는 비공식성을 기준으로 한 방법이다. 즉, 조직행동을 연구하는 학자들은 조직내에서 이루어지는 여러 가지 활동과 과정을 공식적인 것과 비공식적인 것으로 구분하여 연구하는 경향이다. 따라서 의사소통도 공식적 의사소통과 비공식적 의사소통으로 구분한다.

1) 공식적 의사소통

공식적 의사소통이란 조직이 공식적으로 규정하는 바에 따라 이루어지는 의사소통이다. 조직은 그 목적을 효과적으로 달성하기 위하여 의사소통의 경로, 방법, 절차 및 기본적인 내용 등을 설계하여 규범적으로 정해 놓고 있다. 의사소통에 관하여 이러한 공식적 규범을 정해 놓지 않는다면 의사소통 과정상에 혼란이 발생하여 조직의 질서를 유지할 수 없게 된다. 이에 따라 공식적인 의사소통의 경로, 방법, 절차 등의 규정은 조직에 반드시 필요한 것이다. 일반적으로 조직내 의사소통이라는 것은 이러한 공식적 의사소통을 지칭하는 경우가 많다.

조직내에서 이루어지는 의사소통은 그것이 이루어지는 방향에 따라 하향적 의사소통(downward communication), 상향적 의사소통(upward communication), 수평적 의사소통(lateraln communication), 대각적 의사소통(diagonal communication) 등으로 분류된다.

의사소통으로 구분하기로 한다.

① 하향적 의사소통

하향적 의사소통은 조직의 계층상으로 볼 때 상위계층에서 하위계층으로 의사소통이 이루어지는 형태를 말한다. 이러한 유형의 의사소통은 하위계층에 있는 구성원들에게 그들의 직무에 관련된 정보를 전달해 주는 것을 주목적으로 한다.

하향적 의사소통은 다계층 대규모 조직에서는 메시지가 왜곡되고 잘못 이해될 가능성이 크다. 조직의 상위계층에서 아래로 내려보낸 메시지가 여러 계층을 통과하여 하위계층에 도착하였을 때에는 그 메시지가 정확히 전달되었다고 보장할 수 없다.7) 따라서 경영자들은 중요한 정보를 전달할 경우에는 여러 차례 반복해야 할 것이며, 또한 다양한 경로를 이용해야 한다.

② 상향적 의사소통

상향적 의사소통은 하위계층에 있는 구성원이 자신의 상위자에게 의사를 전달하는 것을 말한다. 조직이 효과적으로 관리되기 위해서는 하향적 의사소통과 더불어 상향적 의사소통이 활발하게 이루어져야 한다.

경영자들이 조직구성원들의 활동과 성과를 알아내기 위해서는 하위자들이 다양한 경로를 통하여 상향적 의사소통을 하도록 유도해야 한다.

하향적 의사소통과 마찬가지로 상향적 의사소통도 의사전달의

---

7) 실제로 한 연구에 따르면 최고경영층에서 내려보낸 메시지가 여러 계층을 통하고 일선의 현장작업사에게 전달되었을 때 발생한 정보의 손실은 80%에 이르러 원래 최고경영자가 전달하고자 했던 바를 20% 밖에 이해하지 못했다고 한다(Nichols, 1962).

정확성 문제가 존재한다. 상향적 의사소통의 내용은 하위자가 상위자에게 대해서 갖고 있는 신뢰정도와 상위자가 선호하는 말이 무엇인가에 대한 하위자 나름대로의 생각 등에 따라서 크게 달라진다. 일반적으로 하위자가 상위자를 신뢰하면 할수록 상향적 의사소통에서 전달되는 메시지의 내용은 정확성이 높다. 그러므로 경영자들이 상향적 의사소통을 장려하고자 할 경우에는 먼저 상위자들과 신뢰의 분위기부터 조성하는 것이 필요하다.

③ 수평적 의사소통

수평적 의사소통이란 동료들 간이나 업무상 협조를 필요로 하는 구성원들 및 부문간에 이루어지는 의사소통을 말한다. 수평적 의사소통은 조직전체의 목적을 달성하기 위하여 조직구성원들과 부서들의 기능을 조정하는 것이 필요하다.

대부분의 사람들은 자신의 상사보다는 동료들과 의사소통을 할 때 보다 개방적이고 자유롭게 의사를 전달하는 경향이 있고, 또한 같은 부서내에서 근무하는 동료들도 대부분 비슷한 준거의 틀(frame of reference)을 지니고 있기 때문에 동료간의 수평적 의사소통에서 전달되는 정보는 상향적 의사소통에서 전달되는 정보보다 왜곡의 소지가 적다(박내회, 2001). 부서간에 이루어지는 의사소통은 부서간에 경계가 존재하기 때문에 구성원들이 자기 부서의 이익만을 생각한 나머지 타부서와 경쟁의식을 가져 정보를 제공하기 꺼려하는 상황이 발생할 수 있다. 따라서 조직은 구성원이 부서의 경계를 넘어 업무수행과 관련된 정보를 교환할 수 있는 여건을 마련해 주어야 한다.

④ 대각적 의사소통

대각적 의사소통이란 조직내에서 여러 가지 기능과 계층을 가로질러 이루어지는 의사소통을 말한다. 즉, 구성원들이 자신의 기능적 권한 이외의 각 계층구성원들과 의사소통하는 것을 말한다. 이는 조직구성원들이 하향적, 상향적, 수평적 의사소통 경로 중 어떠한 것도 이용하는 것이 용이하지 않거나 그러한 경로들을 이용하면 의사소통의 유효성이 떨어지는 경우에 사용된다.

조직에서 여러 가지 일을 처리하다 보면 기존의 하향, 상향, 수평적 의사소통 경로를 이용하는 것보다 대각적 의사소통을 이용하는 것이 시간과 비용을 절감시킨다. 대각적 의사소통망은 공식적인 조직도상에 나타나지 않는 것이 보통이지만 대기업에서는 구성원들 간에 대각적 접촉이 많이 이루어지므로 경영자들은 가장 경제적이면서도 정확한 의사소통방법을 모색할 때 대각적 의사소통도 고려해야 할 것이다.

2) 비공식적 의사소통

조직내에는 조직에서 규정한 공식집단과 동시에 자생적으로 형성되는 비공식집단이 존재하는 것과 마찬가지로 의사소통도 공식적인 경로와 절차에 따라 이루어지는 공식적 의사소통과 더불어 인간의 욕구에 근거하여 자생적으로 이루어지는 비공식적 의사소통도 존재한다. 조직구성원들은 조직에서 규정한 의사소통 경로 이외에 그들의 다양한 욕구를 충족시키기 위하여 조직도표에 규정한 관계 외에도 여러 사람들과 대화를 나누고 인간적인 유대를 맺으려고 한다. 이에 따라 조직구성원들이 행하는 의사소통의 상당부분을 비공식적 의사소통이 차지한다.

　비공식적 의사소통으로 인하여 조직에 바람직하지 못한 결과를 가져다 주는 경우도 빈번하며, 나아가 조직을 위험에 처하게 할 소지가 크기도 하지만 조직행동을 연구하는 많은 학자들은 비공식적 의사소통체계가 조직에서 여러 가지 긍정적인 기능을 사실에 동의하고 있다(Luthans, 1985). 비공식적 의사소통체계가 조직에 순기능을 하는가 역기능을 하는가 여부는 그것이 조직의 목적달성에 도움을 주는지 여부에 따라 판단해야 할 것이다. 조직 구성원 개인의 목적과 조직의 목적은 일치할 수도 있고, 그렇지 못할 수도 있다. 비공식적 의사소통의 체계가 조직의 목적달성에 바람직한지의 여부는 비공식적 의사소통을 하는 구성원 개인의 목적과 조직의 목적간의 양립가능성 정도에 의해서 결정된다. 즉, 그레이프바인(grapevine, 근거없는 헛소문)을 이용하여 의사소통을 하는 사람의 목적과 조직의 목적이 부합될 때에는 그레이프바인이 조직의 목적달성에 필요한 관련정보를 급속히 파급시켜 공식적 의사소통체계나 경로를 보완해 주는 순기능을 하지만 개인의 목적이 조직의 목적에 반할 때에는 그레이프바인은 조직의 목적달성에 장애를 주는 헛소문만을 퍼뜨려 역기능을 초래한다.

　조직내에 비공식집단의 존재가 불가피한 것처럼 비공식적 의사소통의 체계도 불가피하다는 사실을 경영자들은 인식해야 한다. 또한 경영자들은 그레이프바인을 근거없는 낭설과 같은 의미로 보는 좁은 견해에서 탈피하고, 그레이프바인은 빠르고 정확할 수 있으므로 조직내의 공식적 의사소통체계를 보완하는데 필요한 많은 정보를 전달해 줄 수 있다는 사실을 항시 염두에 두어야 한다. 아울러 경영자들은 조직의 목적달성에 도움을 주는 방향으로 비공식적 의사소통체계를 활용하고 관리하는데 노력을 경주하여야 한다.

3. 의사소통과 조직성과

조직이 구성원들의 신뢰성을 얻고 유효성을 확보하기 위해서는 조직의 언행이 일치하고 일관성이 있어야 한다. 조직구성원들에게는 조직의 모든 정보가 제공되어야 하며, 또한 부정적인 정보를 감추거나 긍정적으로 조작하려 해서는 안된다. 경영자들은 구성원들의 의견에 귀를 기울여야 하고 다른 의견을 개진하는 사람들을 비판하는 분위기를 불식시켜야 한다. 조직에 불리한 정보를 전달하는 구성원이 불이익을 당하게 된다면 조직이나 경영자에게 불리한 정보를 감추려고 할 것이다.

경영자들은 자신들의 언행을 일치시켜야 한다. 변화를 경험하고 있는 조직구성원들의 주요한 불만 사항 중 하나가 경영자가 말한 대로 행동하지 않는다는 것이다. 권한위임과 의사소통의 중요성을 강조한 후에 조직구성원들로부터 제시되는 정보에 대하여 중요성을 부여하지 않는다면 공식적 의사소통은 원활히 이루어지지 않고 비공식적 의사소통의 역기능만이 나타나게 될 것이다. 조직구성원들은 조직내외의 어려운 상황에 직면한다 하더라도 진실한 정보를 주고 받기를 원하고 이를 일관성 있게 유지되는 조직을 위해 일하고 싶어한다.

최고경영자가 매년 종업원 총회를 개최하고 이들로부터 상향식 의사소통의 장을 마련함으로써 종업원들의 질문기회를 제공하는 것이 필요하다. 이 경우 우수한 질문을 한 종업원에게 상금을 주고 또한 총회에서 나온 질문에 대한 후속조치를 마련한다면 원활한 의사소통이 이루어질 수 있을 것이다.

원활한 의사소통은 조직성과에 직접적인 영향을 미치게 되는데, Drucker는 기업에서 인적 자원이야말로 가장 중요한 자산이라고 하였다. 이 주장은 조직의 성과는 조직이 보유하고 있는 인적 자원(조직구성원)들을 어떻게 잘 관리하는냐에 의존하고 있다는 것을 의미한다(김범렬, 1998). 인적 자원의 관리는 곧 원활한 의사소통이 이루어지도록 하여야 한다는 것이다.

제4절 리더십과 조직성과

1. 조직성과의 개념 및 결정요인

1) 조직성과의 개념

조직성과에 대한 기존의 선행연구를 검토해 보면 학자들에 따라 개념상에 차이가 있는 것이 사실이다. 여기에서는 여러 학자들의 주장을 고찰해 봄으로써 조직성과의 개념을 파악하고자 한다.

Agyris는 동일하거나 절감되는 투입으로 같은 산출을 얻을 때 그 조직체는 유효성이 있다고 주장하였으며, Seashore & E. Yuchtman은 희소하고 귀중한 자원을 획득하기 위해 환경을 개척하는 조직체의 능력이라고 정의하였다(Seashore & Yuchtman, 1967: 이학종, 1991).

그리고 Perrow & J. Pennings는 조직체와 환경과의 적합성으로 조직성과를 강조하였으며, Haberstroh는 조직성과를 조직목표의 달성정도로, Hick & Gullett은 "효율적인 조직은 조직을 능가하는 힘을 가지는 것에 만족해하는 조직"이라고 기술하였다(Pennings, 1982). 또한 Geogopolous & Tannenbaum은 "조직성과는 사회의 한 시스템으로서의 조직이 그 수단과 자원을 오용함이 없이 조직구성원에 대한 부당한 강압을 초래하지 않고 조직의 목표를 달성하는 것이다"고 주장하였다(Georgopolous & Tannenbaum, 1975). 이들 학자들의 견해에는 세 가지 조직성과의 기준을 함축하고 있는데, ① 조직의 생산성, ②조직의 내적인 변화나 외부환경 변화에 적절히 적응하는 적응성, ③ 조직구성원과 집단간의 긴장, 갈등을 최소화하는 것 즉, 직무몰입 등이다.

이 외에 Schein은 "조직성과란 그 조직이 실행하고 있는 특정 기능과는 관계없이 그 조직이 지니고 있는 존속, 순응, 자기유지, 성장의 능력이다."라고 주장하고 있으며, Price는 "조직성과를 목표 달성도라고 정의하고, 여기에서 목표란 조직이 현재의 활동범위를 통해서 추구하는 목표를 의미하며, 조직이 현재 실행하려 하고 있는 것"이라고 하였다(Pennings, 1982).

이상의 여러 학자들의 견해를 통하여 그 개념을 정리해 보면, 다음과 같이 서술할 수 있을 것이다.

조직은 개방 시스템이라는 측면에서, ①외적환경에 대응해 가는 행동체계이다. 이러한 요인에는 기술혁신, 문화적 요소, 사회·경제적 상황 등이 있다. ②조직구조의 안정과 유지이다. 개방시스템은 외부 에너지의 투입으로 내부의 형태와 질서를 결정적으로 와해시키지 못하도록 항상성의 상태를 유지해야 할 것이다. 이러한 측면에서 조직구성원들의 직무에 대한 만족, 직무성과, 적응성, 조직몰입, 리더십 등은 매우 중요한 요인으로 볼 수 있는 것이다.

2) 조직성과의 결정요인

조직성과를 측정하는 결정요인에는 타당성을 중시하는 규범적 연구와 목표에 초점을 두는 기술적 연구가 있다(Pennings, 1982).

① 규범적 연구

Geogopolous & Tannenbaum은 조직성과의 결정요인을 질적·양적인 면에서 조직목표의 달성 정도, 내외적 환경변화에 대처하는 능력, 조직자원, 즉 인적자원과 물적 자원의 보존 및 획득으로 설정하였다. 이러한 세 가지 요소는 조직의 긴장해소로 볼 수 있다(Georgopolous & Tannenbaum,)는 것이다. Friendlander & Pickle은 수익성, 종업원의 직무만족도, 사회적 가치 등을 조직성과 결정요인으로 들고 있다(Friedlander & Pickle, 1988).

그리고 Mott는 조직성과의 기준으로 생산성, 적응성, 유연성 등을 내세우고 있으며, Child는 수익성, 조직의 성장도, 환경, 규범, 기술의 정도로 파악하고 있다(Child, 1974). 또한, Cohen & Collins는 조직구성원의 사기, 팀웍, 적응성, 개방성 등을 조직성과의 측정요인으로 보고 있다.

② 기술적 연구

Comery & Beem은 감독자와 종업원 사이의 관계성에 따라 조직성과의 차이가 있다고 하였다(Comeny & Beem, 1952). Mahoney는 조직성과의 측정요인으로 단일 기준을 설정한다는 것은 그리 용이하지 않다고 주장하면서, 일반적으로 효율적인 직무에 대한 성과, 상호협조, 인사관리의 유용화, 계획적인 성과지향 등으로 측정 가능하다고 하였다(Mahoney, 1976). 그리고 Weifzel & Mahoney는 조직성과의 평가를 위한 요인으로 생산성을 들고 있으며, Webb은 조직구성원 간에 긍정적인 작업관계성, 즉 응집력과 의도된 결과를 이끄는데 있어서 소요되는 시간, 노력, 비용의 낭비를 예방하는 효율성, 그리고 변화에 적응하는 적응성 등을 열거하고 있다(Webb,). Keeley는 조직성과를 조직 전체와 조직 내에서 계속적으로 직무를 수행하고 보상을 받고 있는 개인적 차원에서의 직무성과를 들고 있다(Keeley, 1978). 또한 Price는 조직성과의 기준으로 생산성, 적합성, 구성원의 사기, 적응성, 등을 내세우고 있다(Jackofsky, 1984).

이와 같이 조직성과를 측정하는 접근방법에는 목표접근방법과 시스템접근방법이 있다. 전자는 수익성, 성장성을 측정하는 재무적 유효성을 나타내고, 후자는 행동적 유효성을 말한다. 여기에서 시스템 접근법은 기술적 방법과 규범적 방법으로 유효성을 측정하는데, 단일의 방법만으로 유효성을 측정하는 것은 다소의 문제가 있을 것이다.

이러한 측정방법을 종합하여 본 연구에서는 조직성과를 직무만족, 적응성, 조직몰입의 유효성을 측정하는 방법을 택하였다.

2. 조직성과의 측정모형

조직성과의 모형은 조직성과에 관한 이론이나 접근방법에 따라
여러 가지로 설명될 수 있으나 그 대표적인 모형들을 살펴보면
다음과 같다.

1) 목표모형과 시스템모형

이 모형은 조직구조적 측면에서 성과를 평가하는 것으로 조직
구조적 접근법에서 나온 모형이다.

목표모형은 조직의 목표달성 능력에 초점을 둔 것으로 평가기
준은 설정한 목표이며, 생산성이나 능률, 직무만족 등에 의해 측
정된다(Cameron, 1978). 그러나 이러한 목표모형에 대한 문제
점들은 조직과 그 목표에 대한 환경의 영향을 고려하지 않을 뿐
만 아니라 조직구성원의 목표, 사회적 목표를 배제하고 단지 조직
의 공식목표 또는 관리목표에만 초점을 두고 있다는 것이다. 그리
고 비공식적인 절차와 조직목표의 다차원성을 간과하고 있다는
것이다.

시스템모형은 목표달성에 필요한 수단, 즉 조직의 건전한 상태,
조직활동에 필요한 자원의 획득능력, 외부환경변화에의 적응능력,
구성원의 자기개발능력 등에 중점을 두고 있다. 이 모형에서의 조
직유효성은 희소가치 있는 자원을 얻기 위하여 환경을 이용하는
조직교섭상의 지위로 정의되고 있다(Yuchtman & Seashore,
1967).

이 모형의 장점으로는 조직관리자의 관점에서 조직유효성에 관

한 일반적인 모형이라는 점과 복수의 측정기준을 사용하여 조직유효성을 평가함으로써 그 유효성에 대해 높은 타당성을 주고 조직목표 달성 정도를 더욱 정확하게 파악하는데 도움을 준다는 것이다. 그리고 관리자들이 단기적인 성과보다는 조직의 장기적인 건전성과 존속에 주력하는데 도움을 준다.

그러나 이 모형의 문제점으로는 조직유효성의 측정을 위해 사용되는 복수기준들 간의 상대적 중요도를 파악하기가 어렵다는 것이다. 그리고 관리자들이 단기적인 성과보다는 조직의 장기적인 건전성과 존속에 주력하는데 도움을 준다.

또한 시스템 모형이 요구하는 과정변수들의 측정-환경변화에 대한 반응의 유연성, 의사소통의 명확성 등-기법을 개발한다는 것이 용이하지 않다. 이와 같은 문제점들로 인하여 시스템 모형에 의한 측정은 기존의 다른 모형을 사용하는 것보다 더 많은 노력과 비용이 요구될 것이다.

이상의 두 가지 모형에 대한 차이점은 목표모형이 조직설정에 있어서 매우 다양한 상황기준에 따르는 반면, 시스템모형은 보편적 기준을 고려하는 것이라 할 수 있다.

2) 균형모형과 기능모형

이들 모형은 조직의 내외적인 기능 성도를 파악함으로써 조직유효성을 측정하고자 하는 조직기능적 접근법에서 나온 모형이다.

균형모형은 조직이 외부환경과 균형을 유지하고, 또한 조직과 구성원간의 균형을 유지하는 것에 중점을 둔 것이다. 즉 조직이 대외적 균형으로 유효성이 높아지면 조직구성원에 의한 조직성과가 크게 되며, 조직성과가 높아지면 조직 구성원에 분배될 자원도 커져서 조직의 대내적 균형을 돕게 된다는 것이다.

기능모형은 조직의 활동이 사회에 대해 어떻게 기능하는가 하는 관점에서 파악하는 것이다. 이러한 입장에서 보면 조직은 존재를 위한 목표달성의 기능, 목표달성을 위해 수단을 설정하는 통합기능, 그리고 외부환경으로부터 받는 압력과 긴장을 완화시킬 수 있는 균형유지의 기능을 갖는다고 할 수 있을 것이다.

3) 인적자원모형과 조직개발모형

이들 모형은 조직 내의 인적자원을 가지고 조직유효성을 측정하기 위한 인적 자원적 접근법에서 나온 모형이다. 이러한 관점에서 볼 때, 인적자원모형은 조직내의 인적자원의 중요성에 초점을 둔 것으로 Likert는 모든 조직의 가치는 조직내의 인적자원의 가치에 의해 결정되며, 이러한 인적자원의 가치를 추정하기 위해서는 인적자원회계제도를 도입해야 된다(Likert, 1982)고 주장하였다. 그리고 조직개발모형은 조직의 문제해결 능력과 창의력에 입각하여 조직유효성을 평가하는 것으로 감독자의 관리능력의 개발, 집단정신과 조직구성원들 간의 팀웍의 향상, 신뢰성 증진 등에 초점을 두고 있다.

4) 생태학적 모형

이것은 조직의 내외적인 제약조건 하에서 조직에 부과된 목표달성에 기여할 수 있는 능력정도에 의해 조직유효성을 측정하는 것이다. 이 모형은 목표달성만을 강조한 다른 모형과는 달리, 목표달성 외에도 목표의 설정이나 설정된 목표와 전략적 요소들에 의해 부과되어지는 목표들 간의 일치 정도를 강조하고 있다.

이상에서 본 바와 같이 조직유효성에 관한 이론이나 접근법에 의해서 그 변수들을 설정하고 측정하는 데, 그 기초가 되는 조직유효성의 기준이 매우 다양함을 인식할 수 있을 것이다.

따라서 조직유효성은 조직의 구조, 기능, 인적 요소, 그리고 조직의 내외적 환경 등의 총체적 요인을 면밀히 고려하여 측정되어야 할 것이다.

3. 리더십과 조직성과와의 관계

전술한 바와 같이 리더십이 조직성과에 영향을 미치고 이의 행사에 제한을 가한다는 관점에서 볼 때, 리더십은 조직성과에 영향을 미치는 상황변수로 볼 수 있다. 이를 토대로 본 연구의 주제들의 관계를 설정하면, 리더십 의 적합성 여부가 조직성과를 결정한다고 볼 수 있다.

이와 같이 리더십은 어떤 업무상황에 있어서 조직성과와 관계가 있기 때문에 매우 중요한 깃으로 여겨지고 있다(Bowers &. Seashore, 1982). 이러한 리더십을 측정하는 기준은 목표달성 정도, 응집력, 직무만족도, 적응성, 직무성과, 이직률, 결근율, 조직몰입 등이 있다. 여기에서 제시되고 있는 측정지표들은 조직유효성의 지표와 거의 유사한 것으로 볼 수 있다. 그러므로 리더십

자체의 유효성을 설명하는 것이 양자간의 관계를 알아보는 것과 다름이 없을 것이다.

Siegel은 리더의 구조주도적 역할이 부하의 만족을 높이고 조직몰입과 정(正) 관계가 있고 주장하였으며(Bass, *op. cit.*), Julian은 리더와 부하간의 심리적으로 가까워져 있을 때 만족이 증가한다고 하였다.

Podsakoff는 리더의 보상과 감독 스타일이 부하의 만족에 또는 리더의 처벌과 감독 스타일에 대한 부하의 만족 정도를 조사하였는데, 전자의 경우는 정(正)의 상관관계로, 후자는 부(負)의 관계로 나타났다(Ibid., p.321). 그리고 리더 자신이 그의 상사에 대하여 영향력을 행사하여 부하들의 기대를 충족시킬 수 있다고 생각할 때 부하들은 만족을 느낀다는 것이다.

또한 McCelland는 권력욕구가 강한 리더는 조직 전체의 복리를 위해서 자신의 이익을 회생하려고 하기 때문에 부하들은 조직을 신뢰하고 조직의 목표달성에 적극적으로 참여하게 된다는 것을 제시하고 있다.

이상에서 제시하고 있는 리더십은 그 유형에 따라 만족의 정도는 다르게 나타날 수도 있을 것이다. 그러나 만족과 성과에 관련성을 가지고 있다는 점에서 양자간에는 유사한 측정지표가 있고 깊은 상관관계가 있는 것으로 볼 수 있을 것이다.

제5절 선행연구의 검토

1. 국내의 리더십연구 동향

1967년 서울대학교 경영대학이 발간하는 「경영논집」에 발표된 신유근의 "리더십이론의 전개"로부터 시작된 한국 경영학계의 리더십연구는 지난 30년 동안 많은 발전을 이루었으나 아직까지는 개선해야 할 점들이 더욱 많은 것으로 사료된다. 이제까지 우리나라에서 이루어진 리더십에 관한 연구는 그 분야가 한정되어 있어 미개척 연구분야가 많은 것으로 드러났다.

이제까지 행해진 리더십연구가 많지 않은 것도 문제점으로 드러나고 있지만 무엇보다도 중요한 것은 학자들에 의해 행해진 연구들이 집적되고 종합적으로 분석되는 사례가 그리 많지 않다는 점이다. 리더십을 연구하는 학자들이 많이 접하는 「경영학연구」, 「인사·조직연구」, 및 「인사관리연구」 등에서도 그러한 점은 충분히 드러나고 있다. 일단 리더십 연구논문의 물량이 너무 빈약하고, 리더십을 연구하는 학자층이 너무 엷고, 그 역사 또한 외국의 학계에 비하면 턱없이 짧다. 더구나 한국 논문에 대한 경시풍조로 인하여 연구자들이 무조건적으로 외국의 논문들을 더 많이 인용하는 것이 일반적인 행태인 것이다.

신유근 교수에 의해 발표된 한국 최초의 리더십연구 이후, 각 연대별로 발표된 논문편수에 있어 많은 차이를 보인다. '60~'70년대에는 5편(개념연구 4, 실증연구 1), '80년대 13편(개념연구 9, 실증연구 4), 그리고 '90년대 28편(개념연구 7, 실증연구

21) 등이다(백기복 외, 1998). 흥미로운 것은 '70~'80년대에는 주로 개념연구들이 발표되었으나 '90년대에 들어서면서 실증연구의 수가 압도적으로 많아졌다는 것이다.

지금까지 국내에서 이루어진 리더십연구 중 본 연구와 관련이 될 수 있는 연구들을 검토해 보면 다음과 같다.

박건실(1990)은 제조업의 사무직원을 대상으로 설문조사를 한 결과, 리더의 구조주도행위, 배려행위, 그리고 리더의 상향적 영향력 등은 직무만족과 유의적인 상관관계를 보이나 부하의 자주성은 이들 변수들과 모두 유의적이지 않았다는 연구결과를 보이고 있다.

이경선(1991)은 피들러이론의 기존 타당성 연구결과를 검토하고 자신의 표본에 의한 검증결과의 차이를 한국문화특성 때문이라고 해석한 후, 조직몰입·성과·만족·결근율·등의 결과변수를 더한 신모형을 제시하였다.

임창희와 홍용기(1994)는 남자상사를 가진 남자응답자와 여성상사를 가진 남자응답자들에 대한 설문조사결과, 독재형 여성상사를 갖는 응답자들이 독재형 남자상사의 경우보다 상사만족도, 직무만족도에 있어서 유의적으로 낮았으며, 여성상사집단의 경우 성고정관념이 큰 응답자일수록 상사의 독재를 과장되게 지각하여 더 큰 불만을 가진다는 연구결과를 발표하였다.

이덕로(1994)는 중소기업체 종업원을 대상으로 변혁적·거래적 리더십의 추가근무노력, 직무만족, 조직몰입 등에 대한 관계를 설문조사한 결과, 직무만족과 조직몰입에 대해서는 카리스마, 개별배려와 예외에 의한 관리, 상황적 보상이 큰 상관관계를 보였으나 추가근무노력에 대해서는 대부분 유의적이지 않았다고 주장하였다.

이상호와 이원우(1995)는 변혁적 리더십과 집단효과간의 관계에 대한 집단 애피커시의 매개효과를 경찰관을 대상으로 설문조사한 결과, 종속변수가 집단성과평가일 때는 매개하나 리더만족도와 리더유효성의 경우에는 직접효과가 더 강한 것으로 나타나는 연구결과를 보이고 있다. 또한 변혁적 리더십은 개인수준보다는 집단수준의 경우가 더 유효한 것으로 나타났다고 한다.

오종석과 이용탁(1996)은 변혁적, 거래적 리더십과 리더십 유효성간의 관계를 리더의 직위, 직종, 학력, 연령 등이 조절할 것이며, 변혁적 리더십요소들이 거래적 요소들보다 리더십유효성(추가근무노력, 만족도, 리더효과)을 더 크게 설명할 것이라는 가설을 제조업종업원을 대상으로 검증한 결과, 카리스마의 설명력이 가장 큰 것으로 나타났다고 주장하였다.

신유근(1996)은 서울대학교의 최고경영자과정 수강자들을 대상으로 성공기업과 실패기업의 사례를 mf고 최고경영자들의 역할을 기술하도록 하여 내용분석한 결과, 성공기업 최고경영자 리더십 유형으로서 야전사령관형, 대인관계중시형, Can-Do-Spirit형을 실패기업의 경우 노동지배형, 우유부단형, 불가근형으로 분류하였다.

박영배(1996)는 전자산업체 종업원을 대상으로 설문조사한 결과 배려 및 구조주도와 만족도간에 0.40-0.65 정도의 정(+)의 상관관계가 있으며, 만족도를 설명함에 있어서 리더십의 설명력이 가치관의 그것보다 큰 것으로 나타났다는 연구결과를 내놓았다.

김남현과 이주호(1997)는 변혁적 리더십-혁신지향적 문화, 거래적 리더십-안정지향적 문화의 적합관계에 대한 조직몰입, 직무만족, 이직의도 등의 차이를 검증하기 위하여 121개 기업의 종업원들을 대상으로 설문조사하여 조직수준에서 분석한 결과, 적합관계는 확인되었으나 조직몰입, 직무만족, 이직의도의 경우는 적합과 비적합 조직들 간에 전통적 수준에서 유의적인 차이가 없는 것으로 나타났다는 연구결과를 보이고 있다.

한광현(1999)은 변혁적·거래적 리더십요인과 스트레스와의 관계에 대한 탐색적 연구를 진행하였다. 즉, 301명의 금융기관 종사자를 중심으로 한 연구에서 리더십과 스트레스와의 관련성을 입증하였다. 특히 리더가 변혁적 리더십을 행사할 경우 카리스마적 특성은 구성원들의 스트레스 증세와 가장 유의적인 부($-$)의 관계를 지니고 있는 것으로 밝혀졌으며, 개별적으로 그 유의성을 확인하기는 어려웠다.

이상에서 고찰한 국내에서의 리더십연구 동향을 분석한 결과에 의하면, 우리 나라에서의 실증연구들은 연구의 방법적 측면에서 매우 다양화되어가고 있지만 표본이 대부분 중간 관리자 이하에 머물러 있고 단일 자료원을 이용한 설문조사가 지나치게 많다는 점을 문제점으로 들 수 있다. 미래를 확신할 수 없는 혼돈의 시대로 향할수록 기업에서의 임원이나 최고경영자의 리더십과 전략이 매우 중요시된다는 점을 생각하며, 미국의 경우도 최근 최고경영자의 리더십 쪽으로 연구의 관심이 바뀌어 가고 있는 것을 주시할 필요가 있다(Phillips & Hunt, 1992). 따라서 본 연구도 위기상황 하에서의 최고경영자의 리더십유형에 초점을 맞추어 전개하고자 하는 것이다.

2. 리더 및 리더십유형이 조직성과에 미치는 영향

1) 오하이오 주립대학의 연구

제2차 세계대전 이후에 개발된 리더십 조사 프로그램 중에서 가장 중요한 연구중의 하나가 바로 오하이오 주립대학에서 이루어졌으며, 이를 '구조주도와 배려 리더십(Initiating structure and consideration leadership)'이라고도 한다. 이 프로그램은 두 가지 요인의 리더십 이론을 개발했으며, 이는 리더는 '직무중심적'이거나 '종업원중심적'이 된다는 것이다.8)

이 연구에서는 리더의 유형을 측정하기 위해 리더행동기술 질문서(LBDQ; leader behavior description questionnaire)와 리더의견 질문서(LOQ; leader opnion questionnaire)를 개발하였다. 이 질문서에 의해서 리더를 구조주도적(initiatin structure) 리더와 배려적(consideration) 리더로 분류하였다.

'구조주도(initiating structure)'란 조직의 목표달성을 위하여 조직구성원들의 역할과 그에 수반되는 것들을 규정하고 구조화하는 것을 의미하며, 이에는 직무, 직무관계, 목표를 조직화하는 시도가 포함된다. '배려(consideration)'는 상호신뢰, 조직구성원의 아이디어에 대한 존중, 그들의 감정에 대한 존중 등에 의해 특징지어지는 직무관계성이다(Robbins, 1994).

이 연구에 의하면 높은 구조화와 높은 배려의 리더유형('high-high' leader)이 낮은 구조화 또는 낮은 배려 혹은 모두에 해당하는 리더유형보다 높은 조직구성원의 업적과 만족을 성취할 수 있다는 것

---

8) Gibson, Ivacevich & Donnelly, 2000.

이다. 그러나 Robbins(1994) 및 Moorhead & Griffin(1992)
는 높은 구조화와 높은 배려의 리더유형이 언제나 긍정적인 결과를
초래하지는 않는다는 연구결과를 보여 주고 있다.

2) 미시간 대학의 연구

Likert(1947)는 조직의 성과를 달성시키기 위해 조직구성원의
노력을 어떻게 최상으로 관리할 것인가에 관하여 연구하였다. 그
의 연구는 대부분 효과적인 리더십의 원칙과 방법을 발견하기 위
한 것이었으며, 리더십에 대한 미시간 대학의 연구에서 리더와 조
직구성원들을 대상으로 강도 높은 인터뷰를 실시하였다. 그는
많은 연구에서 조직 효율성의 기준으로 시간당 생산성, 직무만
족, 회전률, 결근률, 불량률, 비용, 손실, 종업원과 관리상의 동
기부여 등을 사용하고 있다(Gibson, Ivancevich & Donnelly,
2000). 그 결과를 바탕으로 해서 리더십에 대하여 두 가지 기본
적인 접근방법을 적용하였는데, 그것은 직무중심형(job-centered
style)과 종업원중심형(employee-centered style)으로 구분된
다(Wright & Noe, 1996: Likert, 1961).

직무중심형 리더행동이란 생산성을 높이기 위해서 직무의 기술
적·과업적 측면을 강조하는 것을 말하며, 이에는 종업원의 직무,
직무절차에 대한 설명, 업적에 대한 흥미 등이 포함된다고 하였
다. 종업원중심형 리더행동이란 부하의 욕구에 개인적인 관심을
갖고 구성원간의 개인차를 받아들임으로써 대인관계를 강조하는
것을 말하며, 그들이 수행할 직무보다는 종업원의 복지를 더 강조
하는 개념이라고 하였다(Moorhead & Griffin, 1992).

3) 기타의 주요 선행연구

변혁적·거래적 리더십과 조직성과의 관계에 대한 선행연구를 살펴보면, 1982년 Hater와 Bass의 연구결과에서는 카리스마적 리더가 구성원의 성과만족, 효과성에 심대한 영향을 주는 것으로 밝히고 있다.

Donna(1995)는 변혁적 리더십의 특성이 어떠한 과정에 도전하고, 공유된 비전을 갖도록 고무하며, 다른 사람이 할 수 있는 것을 위임하고, 어떤 방법을 제시하는 역할모델이 되며, 구성원을 격려하는 것이라고 하여 직무만족, 조직몰입, 생산성에 어떠한 영향을 미치는가를 연구하였는데, 연구결과 구성원이 지각한 간호관리자의 변혁적 리더십과 직무만족, 조직몰입이 모두 상관관계가 있는 것으로 나타났다. 특히 리더가 권한을 위임하고 공유된 비전을 갖도록 고무하여 구성원을 격려하는 것이 직무만족과 관계가 높은 것으로 나타났다.

Charlotte & Wolf(1992)는 간호관리자의 변혁적 ·거래적 리더십유형과 간호사의 직무만족의 관계를 연구하였는데, 연구결과 간호관리자가 변혁적 리더십을 발휘할수록 직무만족도가 높게 나타났다. 그리고 Dunham & Klafehn(1995)에서도 구성원이 간호관리자의 변혁적 리더십의 발휘를 높게 인식하거나 또는 변혁적 리더십과 거래적 리더십의 발휘를 모두 높게 인식하는 경우 간호사의 직무만족이 높다는 연구결과를 보이고 있다.

이동원(1995)에 의하면 변혁적 리더십의 구성요인 중에서 카리스마와 상황적 보상이 직무만족과 관계가 높았고, 직무몰입에 미치는 요인은 카리스마가 가장 높으며, 상황적 보상과 지적 자극의 행위도 관계가 있는 것으로 나타났다.

민정기(1993)에서는 변혁적 리더십이 조직몰입에 긍적인 영향을 주는 것으로 밝혀지고 있으며, 양동민(1998)에서 리더십은 팀성과 및 직무만족과 무관하지 않고 팀성과 및 직무만족에 각각 영향을 미치고 있다는 연구결과를 내놓고 있다.

박현태(1997)에서는 간호과장과 수간호사의 직무만족과 조직몰입은 간호부장과 간호과장의 카리스마, 지적 자극, 개별배려, 상황적 보상행위의 발휘가 높을수록 높았고, 일반간호사의 직무만족과 조직몰입은 수간호사의 카리스마, 지적 자극, 개별적 배려, 상황적 보상행위의 발휘와 유의한 상관관계가 있는 것으로 나타났다.

이미자(1999)에서는 리더십과 조직유효성간의 상관관계에서 태도몰입점수가 높으면 변혁적 리더십이 높고, 카리스마·개별배려·지적 자극이 높은 상관관계를 보여 주고 있으며, 박안수(1999)에서도 변혁적 리더십이 직무만족과 조직몰입에 영향을 미치고 있는 것으로 나타났다.

그 밖의 여러 연구에서도 변혁적 리더십이 구성원의 직무만족과 조직몰입에 긍정적인 여향을 미친다는 연구결과를 보여주고 있다(Bass, 1985: 이덕로, 1994: 오평수, 1996: 박현홍, 1997).

3. 의사소통이 조직성과에 미치는 영향

조직의 의사소통에 관한 연구가 시작된 이래 의사소통이 조직을 유지하고 조직구성원 개개인들의 욕망을 충족시켜주는 중요한 요소라는 관점에서 조직의 의사소통과 조직성과(직무만족)의 관계를 연구하려는 연구자들이 많이 나타나고 있다.

Muchinsky(1988)는 16개의 조직의 의사소통 변수 대부분이 조직구성원 개개인의 직무만족이나 조직풍토와 밀접한 관련이 있다는 연구결과를 밝혔으며, Robert & O'Reilly(1979)는 조직의 의사소통에 적극적으로 참여하는 집단이 소극적인 집단에 비하여 직무만족, 직무성과 및 조직몰입 등에 있어서 긍정적인 연구결과를 보이고 있다.

Schuler(1990)는 역할인자를 매개변수로 하여 조직의 의사소통과 직무만족 및 직무성과의 관계모형에 관한 실증적인 연구를 수행한 결과, 정보제공 의사소통과 조직통합 의사소통 변수, 그리고 상·하급자간의 의사소통 일치도 등의 변수가 조직구성원의 직무만족과 직무성과에 영향을 미치는 요인임을 밝혀 내었다.

위와 같은 선행연구들을 기초로 하여 의사소통과 조직성과간의 인과관계에 대한 연구가 많이 시도되었는데 각 연구들의 연구결과는 다음과 같다.

Hain & Widgery(1973)는 의사소통과 조직성과간에는 높은 정(+)의 상관관계가 있다고 주장하였으며, Pincus(1986)는 327명의 간호사를 대상으로 한 의사소통 만족과 직무만족간의 관계 연구에서 의사소통 만족과 직무만족간에는 정(+)의 상관관계가 있다는 것을 밝혀 냄으로써 의사소통 만족이 증가할수록 직무만족도 증가한다는 결론을 도출하였다.

학교장의 의사소통 효율성에 대한 교사의 인식 정도와 교사의 직무만족간의 관계를 연구한 Whaley & Hegstrom(1992)에서 예측변수(피드백, 보상, 지원, 사명감, 목표)와 준거변수(개인만족, 집단만족)간에는 높은 상과관계가 있었으며, 피드백에 대한 교장의 의사소통은 교사의 직무만족에 대한 최적의 예전자였다는 것을 시사하였다. 교사들은 정확하고 유용하며 건설적인 피드백을 높이 평가하는 것으로 나타났다. 보상, 지원 및 사명감에 대한 의사소통도 교사의 직무만족과 다소 관련이 있었으며, 목표에 대한 의사소통은 전혀 상관이 없는 것으로 나타났다.

의사소통 관련변수와 고용원의 직무만족간의 관계를 조사한 Wheeless, Wheeless & Haward(1984)는 예언변수(감독과의 의사소통 만족, 부하로부터의 정보와 아이디에 대한 감독의 수용, 의사결정 참여, 허용된 의사결정 참여와 바라는 의사결정 참여와의 불일치)과 준거변수(감독, 동료, 승진, 보수, 일) 간에는 유의한 상관관계가 있는 것으로 나타났다. 감독과의 의사소통 만족과 정보에 대한 감독의 수용은 의사소통 관련변수의 주요한 공헌자이며, 감독과 일에 대한 만족은 직무만족 변수가 두드러진 공헌자임이 밝혀졌다.

유성식(1991)은 의사소통 만족이 직무만족, 조직몰입에 미치는 영향에 관한 연구에서 의사소통 만족과 직무만족과의 관계는 확실한 상관관계를 나타내었으며, 회귀분석 결과 의사소통 만족 개념이 직무만족의 독립변수로 추출되었다는 연구결과를 내놓았다. 또한 의사소통 변수 중 직무만족과 관련이 큰 개인적 피드백은 조직몰입보다 직무만족에 상대적으로 강한 상관관계를 나타내었음을 밝혔다.

김종각(1992)은 교사의 직무만족도는 학교조직의 전문화, 상향적 의사소통, 수평적 의사소통 변수와 정(+)의 상관관계가 있음 밝혔고, 학교조직에서 교장과 교사간의 수평적 의사소통(정보전달, 의사전달)이 잘 이루어진다면 교사의 직무만족도가 높아지는 요인이 되며, 교사의 직무만족은 교직경력별로 유의한 차이가 있었으며, 경역이 많은 교사일수록 직무만족이 높은 것으로 나타났다.

전보식(1990)은 학교행정가의 의사소통과 교사의 직무만족과의 상관관계는 높은 정(+)의 관계를 나타내었으며, 학교행정가의 의사소통 정도를 낮게 지각한 집단은 직무불만족을, 의사소통의 정도를 높게 지각한 집단은 직무만족을 느끼고 있다는 연구결과를 내놓고 있다.

제3장 실증연구방법

제1절 연구모형의 설정

본 연구는 제조업체 최고경영자의 리더유형이 조직성과에 미치는 영향을 분석하는 것을 목적으로 한다. 이러한 연구목적을 달성하기 위해 최고경영자의 리더유형이 최고경영자의 유형과 리더십의 유형 특성에 따라 조직성과에 미치는 영향을 검증하였다.

중소제조업체의 경우 최고경영자의 유형이 주로 오너형으로 되어 운영되고 있다고 판단하여 연구모형을 설계하였지만 실제적으로는 전문경영자체제로 운영되고 있는 실정이다. 이에 따라 최고경영자의 유형, 즉 기업유형을 오너형과 전문경영자 중심의 전문형으로 구분하였다. 그리고 리더십은 최고경영자의 경영철학을 리더십 분류방식을 적용하여 변혁적·거래적 리더십으로 나누고 이러한 리더십에 따라 의사소통과 조직성과와의 관계를 파악하였다.

조직성과는 조직구성원의 적응성과 직무만족, 조직몰입(이직성향)으로 나누어 측정에 미치는 영향관계를 파악하였다.

위와 같은 점을 고려하여 연구모형을 다음 〈표 3-1〉과 같이 정리하였다.

〈표 3-1〉 연구모형

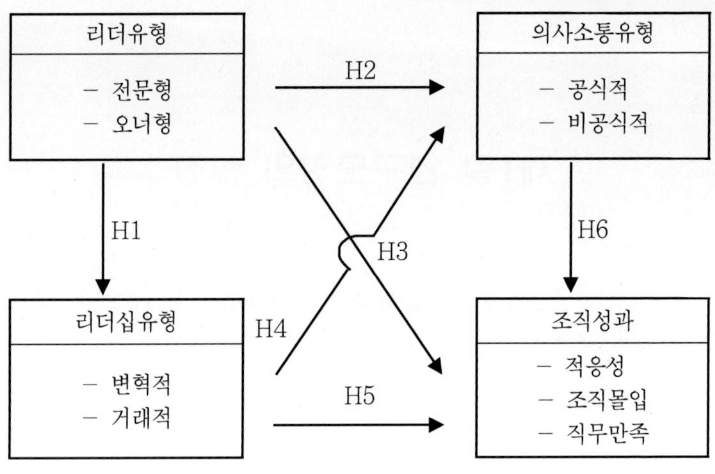

제2절 연구가설의 설정

최근 전문경영자에 의한 경영이 강조되고 있고, 또한 이에 따른 성과가 있다는 연구결과가 나오고 있다. 따라서 전문경영체제는 기업의 생산성을 높임으로써 조직성과에 직접적인 영향력을 발휘하게 된다. 전문경영자는 높은 자질과 능력을 소지하고 있어 인격적으로나 능력 면에서 많은 인정을 받고 있다. 높은 자질과 능력의 전문경영자를 도입할 경우 직장에서나 사업의 발전을 오너형보다는 상대적으로 기대치가 높다.

본 연구에서는 높은 자질과 능력을 가진 전문경영자를 도입하게될 때 조직성과를 향상시키는 가능성이 더 크다는 관점에서

CEO의 유형과 조직성과와의 관계를 검증하기 위해 다음과 같이 가설들을 설정하였다.

1. 〈가설 Ⅰ〉의 설정

H1: CEO유형에 따라 리더십유형에 영향을 미친다.

제조업체를 포함하여 모든 기업들이 기업의 경쟁력을 확보하고 조직성과를 신장시키기 위해 지식경영체제를 도입하고 있다. 이러한 점은 특히 제조업체에서 생산성 향상을 위해 전문경영시스템 도입이 절실히 요구된다.

기업을 운영하는 오너의 경우 전문경영자를 도입하지 않아도 되는 경우도 있지만 사업가적 열정은 높으나 행동력이 수반되지 못하는 경우가 발생하게 된다. 전형적으로 오너로서 인간적인 경영능력은 탁월한 반면에 능력이 따라주지 않아 세상의 변화를 수용하려는 마음은 크나 말만 앞세우고 행동은 미약한 유형으로 나타난다. 만일 오너가 이런 유형이라면 특유의 인품을 발휘해 젊은 전문경영진들을 조직내부에 포진시켜 단점을 극복해 나가야 하며, 자신도 세상변화를 수용하는 속도를 빨리 하는 것이 중요하다. 용인술(用人術)이 사업성공의 요체이므로 인간관계에 초점을 둘 필요가 있다.

경영자들에게 필요한 리더십의 유형, 사업 아이템의 적정성, 경영자를 둘러싼 인맥이나 전문경영인의 포진 등 경영자가 가지지 못한 능력을 보완할 수 있는 조직역량 인가를 중요 변수로 삼는 것이 바람직하다.

전문경영자도입은 새로운 리더십의 도입으로 변화를 도모하게
된다. 따라서 전문경영자의 리더십 스타일은 상대적으로 다를 것
이다라는 점에서 CEO의 유형이 오너형인 경우에는 변혁적 리더
십보다는 거래적 리더십에 치중된다.

2. 〈가설 II〉의 설정

H2: CEO유형이 의사소통유형에 영향을 미친다.
    H2-1: 전문형 리더조직일수록 공식적 의사소통의 성향이
          강하다.
    H2-2: 오너형 리더조직일수록 비공식적 의사소통의 성향
          이 강하다.

중소제조업체의 최고경영자는 최대주주로서 경영에 참여하고
있다. 근원적으로 사업가나 경영자로서 생존과 발전을 기대하기
어렵다는 점은 경영자의 자질과 능력의 한계라고 할 수 있다. 오
너 스스로 미래의 웅대한 포부보다 현실적인 생존을 걱정하는 사
례도 발생한다. 가업을 물려받은 경영자 중에 이런 고충이 많은
데, 특히 개인적으로 인덕과 자질은 물론 미래 경영에 필요한 준
비를 못하는 경우가 발생한다. 오너 자신이 스스로 경영을 맡는
것보다 주위에서 신뢰할만한 사람을 전문경영인으로 영입해 미래
를 도모하는 것이 현명하며, 만일 창업을 한다면 분수를 파악해
큰 규모나 복잡한 절차가 요구되는 사업보다 소규모 유통업 등

작은 사업을 영위하는 게 바람직하다.

경영의 전문성과 생산성 향상을 위해 전문경영시스템을 도입하고 있는 배경하에 오너형과 전문경영자형으로 구분하여 의사소통과 조직성과에 차이가 있을 것이다. 오너형보다는 전문형CEO에게서 공식적 의사소통이 강하게 작용하게 된다. 따라서 전문형 리더가 비공식적 의사소통 성향이 강하며, 오너형 리더는 공식적 의사소통 성향이 강하다.

3. 〈가설 Ⅲ〉의 설정

H3: CEO유형이 조직성과에 영향을 미친다.
　　전문형 리더조직의 경우에 오너형보다 조직의 적응력, 조직몰입, 직무만족에 큰 영향을 미친다.

전문경영자의 오너형 조직에 따라 의사소통이 조직성과에 미치는 영향력에 차이가 있게 마련이다. 실제 제조업체에서 조직성과에 미치는 의사소통변수와의 관계에서 나타나듯이 전문경영시스템을 도입하는 경우 조직성과는 달라지게 되며, CEO유형이 조직성과에 크게 영향을 미치게 된다.

전문경영자로 인한 기업의 영향력은 괄목할 만하게 커지고 있다. 미국정책연구소(IPS)의 조사에 따르면 90년대 미국 최고경영자의 연봉은 535%가 올랐다고 발표자료에서 추론할 수 있듯이 기업들이 왜 CEO를 도입하려고 하는지 또는 그러한 CEO가 왜 되려고 하는지를 가르쳐 준다.

영향력의 지수라고는 할 수 없겠지만 지난 60년 2대 1이었던 CEO와 미국 대통령의 연봉 격차가 최근에는 62대 1로 벌어진 것도 이런 세태의 일단으로 제시한다.

기업의 영향력 증대를 가장 역설하고 다니는 사람은 MIT대학의 레스터 서로 교수이다. 제로섬 사회와 지식경제를 주창하고 있는데 오늘날 국가는 세계경제로 통하는 승강장(Platform)에 불과할 뿐 경제활동을 통제하는 권력은 더이상 누릴 수 없다고 지적한다. 기업이 국가를 필요로 하는 것이 아니라 국가가 기업을 필요로 하는 것이 이 시대의 논리라며 강자는 기업이라고 결론짓고 있다.

독일계 스포츠회사인 아디다스가 미국시장을 점령하고 있는 데 대한 불만을 가졌던 오리건의 한 대학생, 그가 바로 나이키의 설립자 필 나이트였다. 우리나라 삼성의 창업이념은 사업보국(事業報國)이었다. 나라를 염두에 두지 않고는 이런 경영이념이 나올 수가 없다. 경영의 신으로 추앙받는 일본의 마쓰시타 고노쓰게가 만년에 전 재산을 부어넣은 곳은 마쓰시타 정경숙(松下政經塾), 차세대의 지도자를 양성해야 되겠다는 일념이었다.

그러나 점증하는 기업과 CEO의 사회적 영향력에 대한 반발도 적지 않다. 비즈니스 위크의 최근 조사에 따르면 미국인 4명중 3명은 기업의 세력확장이 과도해 국민생활 곳곳에 부정적인 영향을 내고 있다고 생각한다고 한다. 우리나라 기업에서도 누구나 기업의 성과를 높이기를 바라지만 심지어 재벌은 바람직하지 않다는 이중적 생각을 하고 있는 것이 보통이다. 그러나 이런 생각은 기업가를 돈과 연계시켰을 때나 그럴듯하지 꿈과 열정으로 기업가를 평가하면 확연히 다른 결과를 낼 것이다.

오늘날의 최고경영자는 예외없이 불확실성과 싸워야 하고 모험을 감수해야 한다. 분석에서 나타난 바와 같이 리더의 유형에 따른 직무만족과 조직적응성에는 별다른 차이가 없다. 조직성과를 달성하기 위해서는 직원들을 끊임없이 격려해야 하는 점이 기업의 과제라고 할 수 있다.

4. 〈가설 Ⅳ〉의 설정

H4: 리더십 유형이 의사소통 유형에 영향을 미친다.
  H4-1: 변혁적 리더십은 비공식적 의사소통 성향이 강하다.
  H4-2: 거래적 리더십은 공식적 의사소통 성향이 강하다.

리더십 유형에 따라 조직에서 적용하는 의사소통은 다르며 이에 따른 의사소통에 영향을 미치게 된다. CEO의 리더십에 변화를 추구하고 있어 리더십의 유형에 따른 차이가 현존하고 있는가 하는 점도 관심사로 대두되어 가설을 설정하게 되었다.

김영모 교수(1995)의 연구결과를 응용해 볼 때 기업의 관리자와 고용주의 의사소통은 서로 다르다. 관리자가 직장 내에서의 의사소통을 할 때 공식적 조직을 통하는 경우가 38.6%이며, 비공식적 조직을 통하는 경우는 30%, 기타 31.4%로 나타나 비공식적 조직보다 공식적 의사소통을 주로 이용하고 있다. 그러나 오너의 경우 공식적 조직을 통한 의사소통이 35.7%, 비공식적 42.9%로 나타나 비공식적 의사소통을 활용하는 것이 높은 것으로 나타났다.

조직의 성과보다 의사소통 과정을 중요하게 여기는 것이 성장가
능성이 높은 기업의 가장 큰 특징이다. 이러한 조직의 경우 최고
경영자가 회사의 정책을 결정하고 명령을 내리기 보다 실무담당자
가 현장 경험을 바탕으로 의견을 제시하는 경우가 많다. 또 하부
에서 형성된 의견이 상위 의사결정자 에게 전달되는 과정에서 본
래의미가 왜곡되지 않도록 의사소통 시스템 또한 구축되어 있다.
　따라서 변혁적 리더십은 비공식적 의사소통 성향이 강하며, 거
래적 리더십은 공식적 의사소통 성향이 강하게 작용한다.

5. 〈가설 Ⅴ〉의 설정

H5: 리더십 유형이 조직성과에 영향을 미친다.
　　거래적 리더십보다는 변혁적 리더십이 적응성, 조직몰입,
　　직무만족에 큰 영향을 미친다.

　최고경영자의 리더십은 경영철학에 따라 다르지만 전문경영자
가 갖는 리더십은 구성원과 리더가 공동체문화를 형성하면서 추
진력을 발휘하기 위해 조직성과가 상대적으로 극대화될 수 있는
리더십에 더 많은 관심을 갖게 되므로 리더십 스타일에 따라 의
사소통방식도 다를 것이다.
　리더십의 연구는 리더십 개념적 정의에 대한 연구와 조직성과
에 미치는 영향에 관한 연구로 진행되어 왔다. Bennis와 Nanus
그리고 Paters와 Waterman(1989)은 최근에 수많은 조직에서
효과성이 감퇴되고 있는 이유로 경영자가 명료한 비전을 제시하

지 못하는데에 기인한다고 주장하면서 경영자는 더욱더 변혁적 리더십을 발휘해야 함을 강조하였다.

Bass의 연구를 시작으로 리더십에 따른 조직성과의 변화는 경험적으로 증명되었다. 또한 Howell과 Frost는 변혁적 리더십의 하위행동요인인 카리스마적 리더십을 독립변인으로 상정하여 리더십과 조직효과성간의 관계를 밝혀냈다. 즉 카리스마적 리더십을 발휘하는 지도자의 부하들은 비 카리스마적 지도자의 부하보다 성과와 만족이 높았고 역할 갈등이 매우 적다. Singer는 자신의 연구에서 변혁적 리더십이 상황적 제약에 커다란 영향을 받지 않고 구성원들의 리더십 효과도 높다는 것을 강조하였다. 이와는 달리 Podsakoff 등은 기존의 변혁적 지도성에 관한 연구들은 효과성에 준거를 과업 내 역할에 제한하여 변혁적 리더십에 대한 연구가 진행되어 왔다고 지적하고 있다.

제반 연구 결과에서 나타난 바와 같이 변혁적 리더십과 거래적 리더십, 카리스마적 리더십의 연구는 Bass(1995)가 개발한 MLQ를 사용하여 경험적 연구를 수행한 연구와 학자 자신이 개발한 척도를 사용하여 새로운 행동요소의 규명과 이의 효과성에 미치는 영향을 경험적으로 밝혀내고 있다. 이러한 일련의 연구들은 조직의 특성과 관계없이 대부분의 조직에서 변혁적 리더십이 거래적 리더십보다 더욱 효과를 발휘하는 것으로 제시된다.

6. 〈가설 Ⅵ〉의 설정

H6: 비공식적 의사소통 유형이 조직성과의 적응성, 조직몰입, 직무만족에 큰 영향을 미친다.

의사소통은 조직적응성, 직무만족, 조직몰입으로 측정한 조직성과에 직접적인 영향을 주게 되므로 원칙과 규범을 강조 또는 강요하는 비공식적 의사소통보다는 상호공식적 의사소통이 구성원의 동기부여를 자극하는데 기여도가 높을 것이므로 공식적 의사소통이 조직성과가 높을 것이다.

상하직원 의사소통의 중요성을 강조했다. 의사소통과정에서는 명료한 단어를 사용해 상대방이 자의적인 기준으로 해석하는 일이 없도록 해야 한다. 애매모호한 용어나 포괄적 의미의 단어를 사용하면 의사소통 과정에서 파생적인 의미가 생길 수 있다. 원활하고 정확한 의사결정 과정을 구축하기 위해 각 계층의 담당자에게 충분한 권한을 부여하는 것이 필요하며, 임직원들이 권한에 따르는 책임감을 느껴야 일의 효율성을 높일 수 있다. 이러한 공식적 의사소통이 갖는 의미는 권한과 책임감을 함께 부여해야 회사의 업무를 자신의 일로 생각하고 스스로 가장 효과적이고 효율적인 문제해결 방법을 찾기 때문이라고 볼 수 있다.

제3절 변수의 조작적 정의

본 연구에서 사용된 변수에 대한 지표와 조작적 정의는 다음과 같다.

1. CEO의 유형

경영자유형은 자본소유지분과 경영에 따라 분류하였다. 회사의 최대주주이면서 경영을 총괄하는 경우는 Owner형이며, 전문형은 자사 주식 5%미만을 보유하거나 전혀 주주관계가 아닌 상태에서 전문성을 갖고 경영을 담당하는 유형을 의미한다.

2. Leadership 유형

리더십유형은 Bass의 리더십 척도에서 제시된 변혁적 리더십, 거래적 리더십으로 구분하였다.

변혁적 리더십은 직원들에게 분명한 미래의 비전을 제시하며, 환경의 변화에 적절하게 대처하는 정책비전과 시스템을 구축하고 집단목표를 달성하는데 필요한 지원과 적절한 배려가 적용되는 리더십을 의미한다. 거래적 리더십은 부하 직원들에게 실적과 노력에 대한 적절한 보상을 제공하며, 업무수행시에 철저한 감독을 행하는 리더십유형이다. 만일 문제가 발생하거나 성과가 저조할 경우에는 부하에게 책임을 질책하고 부하들의 요구 사항에 대한 조치는 신속치 못한 유형으로 구분하여 정의하였다.

3. 의사소통

의사소통 조직변수는 공식적 의사소통과 비공식적 의사소통으로 구분하였다. 공식적 의사소통은 종업원이 자신의 태도를 분명히 밝히고 모든 부하직원들에게 평등하게 대우하는 경향이 강하여 최고경영자가 변동사항이 있거나 주요 업무를 처리하기 전에 부하직원들과 상의하는 등 공식적인 의사소통 채널을 중시하는 성향으로 정의하였다.

비공식적 의사소통은 부하직원보다는 최고경영자가 사업추진에 대하여 결정하고 부하직원들에게 인식시켜주며, 표준화된 규칙과 규범, 규정에 따르도록 강요하는 의사소통으로 정의하였다.

4. 조직성과

조직의 성과지표를 본 연구에서는 조직구성원의 조직적응성, 직무만족, 조직몰입변수를 사용하였다. 조직몰입변수를 이직성향으로 측정하였지만 기존의 선행연구에서 이직성향과 조직몰입과는 정반대의 성향을 갖고 있다고 다양하게 검증되어있는 관계로 동일하게 사용하였다.

조직적응성은 부하직원들이 조직내에서 나타나는 적극성, 인간관계, 업무에서의 성취감을 조작적으로 정의하였으며, 직무만족변수는 직장생활에 대한 긍지와 만족도를 의미하며, 조직몰입은 이직의향을 측정지표로 사용하였다.

제4절 연구대상 공단현황

1. 연구자료의 배경

본 연구의 자료는 광주 하남공단 제조업체의 최고경영자를 대상으로 설문면접조사를 실시하여 수집하였다. 연구지역의 선정은 연구자의 편의를 위해 광주지역 제조업체를 대상으로 하였으며, 이 가운데 가장 오래되고 대표적인 공단인 하남산업단지의 제조업체를 연구대상기업으로 설정하였다.9)

하남공단을 중심으로 주변 공단이 신설 및 확장되어 광주하남산업단지로서의 기능을 수행하며, 철도와 고속도로가 연결되는 요충지에 위치하고 있어 지리교통의 유리한 입지조건을 갖추고 있고 자동차부품 등 조립금속 및 기계산업으로 형성되어 있어 중소제조업체의 연구자료로 활용하기에 충분하다고 판단된다.

2. 하남산업단지의 현황

본 연구대상으로 설정된 하남공단은 광주광역시 광산구 장덕, 하남, 오선, 안청, 도청동 지역내에 형성되어 있으며, 규모로는 180만평 규모이며 1976년 광주권 지역개발 2단계 사업으로 책정되어 1983년 착공하여 1989년 준공되었다. 1991년 3차 공단

---

9) 광주지역의 산업단지는 본 연구의 대상인 하남산업단지 외에 소촌산업단지, 본촌산업단지, 평동산업단지로 형성되어 있음.

조성사업이 준공되어 오늘에 이르고 있다. 고용인력은 2001년 12월 기준으로 남자 17,426명, 여자 5,474명으로 총 22,900명 이며 생산실적은 4조 6천억원으로 14억달러를 수출하고 있다.

하남 산업단지는 1차단지 46만평 규모로 160개 업종, 2차단지 에는 62만평 규모의 249개업종, 3차단지에는 73만평 규모의 419개 업종으로 형성된다. 전체적으로 하남산업단지는 828개 업 종이 입주한 가운데 44%인 361개업종이 조립금속 및 기계업종 이며, 93개 업종이 화학업종이다. 이밖에 기타 식품, 섬유, 비금 속, 지원시설 및 임대업종으로 구성되어 있다.(하남산업단지공 단,2002)

아래의 현황 자료는 하남산업단지공단의 보유현황과 연구자가 조사한 현황이다.

① 단지 규모(2002. 1)

용 지			기반시설							
계	공장 용지	지원 및 공공	용수	전력	통신	도로	상수도	하수도	가로등	공원 및 녹지
천평 1,804	1,373	431	천톤/일 74.6	천Kw 130	회선 5,000	Km 36.5	Km 33.8	Km 91.3	등 1,404	천평 97

② 고　용

년도별	계	남	여
2001.12	22,900명	17,426명	5,474명
2000.12	21,902명	16,412명	5,490명
(증감)	998명	1,014명	△16명

③ 업종별 현황(2002. 1)

구　분	계	조립금속 및 기계	식품	섬유	화학	비금속	기타	지원시설	임대
계	828	361	40	1	93	10	92	32	199
가　동	714	304	33	1	65	9	74	29	199
휴　업	75	42	6		11	1	15		
건설중	35	15	1		16		2	3	
미착공	4	2			1		1		
1차단지	160	57	8	1	23	10	28	9	24
2차단지	249	115			54		6	9	65
3차단지	419	189	32		16		58	14	110

＊연구자 자료조사(2002.5.1기준)

④ 생　산

년도별	생산(백만원)		
	계　획	실　적	비율(%)
2001.12	5,137,900	4,610,929	89.7
2000.12	4,526,577	4,197,778	93.0
(증감)	611,113	413,151	

⑤ 수출액

년도별	수출(천달러)		
	계 획	실 적	비율(%)
2001.12	1,660,527	1,415,534	85.2
2000.12	1,540,157	1,468,464	95.0
(증감)	478,529	△52,930	

제5절 자료의 통계처리

1. 조사자료의 특성

조사대상 제조업체의 특성을 보면 오너형이 101개 기업으로 32.1%이며, 전문형 기업은 214개 기업으로 67.9%를 차지하고 있다. 전문형 기업이 많이 나타나는 현상은 오너와 전문경영자가 혼재하는 기업유형으로 전문경영자의 경영권이 확보된 형태라고 할 수 있다.

리더십유형별로는 변혁적 리더십이 49.8%, 거래적 리더십이 25.7%, 카리스마적 리더십이 24.4%로 분포하고 있다. 본 연구 자료의 특성상 주로 조립금속산업인 부품생산단계인 중소기업과 하청기업 그리고 소형제조업체를 대상으로 선정 수집하여 업종별로는 특성을 구별할 수 없다.

〈표 3-2〉 조사대상자의 특성

변 수	항 목	N	%
리더의 유형	오너형 전문형	101 214	32.1 67.9
리더십	변혁적 리더십 거래적 리더십	235 80	74.6 25.4
계		315	100.0

2. 조사기간 및 자료현황

　설문자료의 수집기간은 2002년 2월 한달 동안이며 조사방법은 제조업체를 직접방문하여 최고경영자에게 준비한 설문지를 중심으로 면접조사와 자기기입식 설문조사를 병행하였다.

　당초 연구를 위해서 500개 회사를 대상으로 설문지를 배포하였으나, 자료수집의 절차상 350매를 회수하였으며, 이 가운데 극히 불성실하거나 부분적으로 응답한 자료를 제외한 315매를 사용하였다.

〈표 3-3〉 설문자료의 회수 및 활용도

구 분	계획설문지	회수설문지	사용설문지
인 원	500명	350명	315명
비 율	100%	회수율 70%	자료활용도 90%

3. 타당성과 신뢰성

연구자료의 타당성은 요인분석을 통해 검증하였다. 의사소통에 대한 변수를 구분하기 위해 측정 변수를 정확히 대별하는 개념타당성 검증방법인 요인분석을 실시하여 분류된 2개의 요인을 공식적 의사소통과 비공식적 의사소통변수로 정의하였다. 의사소통변수는 연구설계에서 두 변수와 관련된 선행연구의 설문문항을 참고로 조합·사용하여 검토해본 결과 연구설계의도에 맞게 분류되어 분석변수의 기초로 삼게되었다. 연구에서는 요인1(Factor1)은 공식적 의사소통변수로 정의하며, 요인2(Factor2)는 비공식적 의사소통변수로 조작적으로 정의하였다(〈표 3-4〉 참조).

또한 조직성과 관련변수는 조직적응성변수, 직무만족변수, 조직몰입변수를 대표할 수 있는 선행연구결과에서 사용된 문항으로 구성하였다.

〈표 3-4〉 요인분석

의사소통 변수	FACTOR1	FACTOR2
주요업무에 대한 부하직원과 상의	0.7768	0.0358
회사경영변동에 대한 직원에게 알림	0.7112	0.1411
모든 직원에 대한 평등대우	0.6368	0.1901
경영자의 결정사항 직원에게 설명	0.6122	0.3322
경영자와 직원간의 협조융화	0.6029	0.3439
직원의 자기표현	0.5597	0.4164
업무성과기준에 의한 경영	0.1321	0.7626
경영자의 역할 직원에게 인식	0.2694	0.6591
원칙과 규범에 따른 업무결정	0.2576	0.5678
경영자의 치밀한 계획하에 추진	0.3602	0.5524
표준규칙과 규정준수	0.0425	0.5285
Eigenvalue	4.1759	1.0612
Difference	3.1147	0.1314
Proportion	0.3796	0.0965
Cumulative	0.3796	0.4761

한편 연구자료의 신뢰성은 문항간 내적일관성을 검증하는 Cronbach's-alpha값을 계산하여 측정한 결과 대체로 0.6이상의 높은 신뢰도를 나타내고 있어 모든 변수가 적절히 편성되었음을 시사해준다(〈표 3-5〉 참조).

〈표 3-5〉 변수의 Cronbach's-alpha

내 용	변 수	문항수	Cronbach's-alpha
의사소통	공식적 조직	6	0.7906
	비공식적 조직	5	0.6748
조직성과	조직 적응성	10	0.8726
	직무만족	3	0.7732
	조직 몰입	2	0.7574

〈표 3-6〉 항목별 신뢰도분석

변 수		Raw Variables		Std. Variables	
		with Total	Alpha	with Total	Alpha
공 식 적 의사소통	자신의 태도를 분명히	0.5473	0.7563	0.5472	0.7575
	모든 부하직원들을 평등하게	0.5082	0.7654	0.5068	0.7671
	변동사항에 대해 사전 공고	0.5450	0.7569	0.5442	0.7582
	부하직원들과 잘 어울리는 편	0.5520	0.7553	0.5531	0.7561
	자신의 결정을 부하직원에 설명	0.5462	0.7574	0.5450	0.7580
	중요업무처리시 부하직원과 상의	0.5504	0.7560	0.5528	0.7562
비공식적 의사소통	직원이 하는일을 분명하게 결정	0.4116	0.6279	0.4124	0.6309
	장으로서의 역할을 직원에게 인식	0.5074	0.5848	0.5078	0.5874
	치밀한 계획후 일을 추진	0.4476	0.6116	0.4505	0.6138
	명확한 업무성과기준을 가지고 있음	0.5176	0.5798	0.5186	0.5823
	규칙과 규정에 따르도록 강요하는편	0.2634	0.6939	0.2641	0.6938
조 직 적 응 성	회사는 환경변화시 신속하게 적응할 수 있도록 직원모두가 노력한다	0.6403	0.8558	0.6426	0.8564
	회사는 외부환경이나 상화의 변화에 대처하는 적절한 조치를 취하고 있다	0.5877	0.8600	0.5874	0.8607
	회사는 상사와 부하직원단의 의사교환이 활발한 편이다	0.5812	0.8603	0.5808	0.8612
	회사는 동료간의 의사소통이 잘 되고 있다고 생각한다	0.5898	0.8596	0.5894	0.8606
	회사는 동료간의 관계가 원만하다고 생각한다	0.5696	0.8612	0.5696	0.8621
	구성원들이 업무에 대한 성취감이 높은 편이라고 생각한다	0.6158	0.8576	0.6167	0.8584
	구성원들이 자신의 업무에 높은 만족과 보람을 느끼고 있다고 생각한다	0.6310	0.8564	0.6310	0.8573
	구성원들이 회사에 대해 높은 자부심과 긍지를 가지고 있다고 생각한다	0.6023	0.8586	0.6023	0.8595
	능력과 실적에 따라 공정한 보상관리를 하고 있다	0.5831	0.8607	0.5829	0.8611
	직원들은 대체로 회사의 문제를 자신의 문제처럼 느끼고 있다고 여긴다	0.5129	0.8657	0.5132	0.8664
직무만족	남은 직장생활을 기꺼이 이 직장에서 보내고자 한다.	0.6553	0.6408	0.6554	0.6408
	우리회사 직원들은 이회사의 일원임을 자랑스럽게 여기고 있다고 본다	0.6113	0.6892	0.6060	0.6964
	회사의 발전에 도움이 된다면 어떠한 노력도 아끼지 않겠다	0.5666	0.7346	0.5640	0.7421
조직몰입	기회가 닿는다면 이 회사를 그만두고 자기 사업을 했으면 한다	0.6096	.	0.6096	.
	가끔 다른 직장으로 옮기고 싶다는 생각을 한다	0.6096	.	0.6096	.

4. 선행 연구와 연구 도구

본 연구의 가설검증을 위해 Weber와 House(1977) 카리스마적 리더십이론과 이를 토대로 발전한 Burns(1978)에 의해 개념화된 변혁적 리더십과 거래적 리더십이론에 기초하고 있다. 리더십의 설문지는 리더십에 따라서 조직 성과와의 관계를 조작적으로 정의하고 척도화시킨 Bass의 척도를 본 연구에 맞게 재구성하였다. 이후 연구에서는 리더십이 조직성과와 조직효과성에 미치는 중요한 요인으로 규명하고 있다.

이와는 달리 신준섭(1996)의 연구에서는 조직이론가들의 특히 비즈니스조직 이론가들의 리더십이론을 배경으로 최고 경영자의 리더십형태가 조직혁신에 영향을 갖게된다고 실증분석결과를 제시한 바 있다. 조직혁신을 포함한 모든 조직의 활동은 그 조직의 최고지도자의 지도력 형태와 지도자로서 조직을 이끌어 가는 능력에 직접적으로 좌우한다는 이론을 바탕으로, 이 연구의 근본적 가설을 조직의 리더십 행태가 조직혁신을 설명할 수 있는 가장 중요한 요인이라는 가정에서부터 출발하였다. 이 연구의 종속변수로서는 지난 3년간 최고경영자들이 운영하는 기관에서의 지난 3년동안 조직혁신을 위한 활동 횟수로 국한하였다. 그리고 어떤 리더십 행태가 조직이 혁신적으로 발전할 수 있는데 도움을 주는가를 연구하였다. 이처럼 리더십의 유형에 따른 조직성과와의 관계는 여러 각도에서 접근하고 있다.

이에 본 연구에서는 최근 최고관리자가 형식적인 요소를 배제할 수는 없지만 전문형으로 전환되고 있는 추세에서 최고관리자의 유형이 리더십과 조직성과에 어떠한 차이와 영향을 미치고 있는가를 확대하여 실증분석하고자 한다.

5. 조사 및 통계처리방법

본 연구의 조사방법은 직접면접에 의한 설문지법을 이용하였다. 자료의 척도는 R. Likert의 5점 척도를 사용하였다. 연구모형에 따라 본 연구에 사용된 통계처리 및 검증방법은 교차분석과 Chi-square검증, t-test, 분산분석(one-way ANOVA), 요인분석, 다중회귀분석을 실시하였다. 자료의 신뢰도 분석은 Cronbach's-alpha test를 실시하여 항목간의 내적 일관성을 검증하였다.

제4장 실증분석결과

제1절 CEO유형과 리더십의 형태

가설 Ⅰ. CEO의 유형에 따라 리더십 유형에 영향을 미친다.

최고경영자의 리더십 스타일에는 전체적으로 볼 때 변혁적 리더십을 갖고 있는 경우가 74.6%로 가장 많은 분포를 차지하며, 거래적 리더십은 25.4%로 분포한다(〈표 4-1〉 참조). 조직의 특성과 관계없이 대부분의 조직에서 변혁적 리더십이 거래적 리더십보다 더욱 효과를 발휘한다.

〈표 4-1〉 리더의 유형에 따른 리더십 유형 분포

리더 유형		리더십유형		Total
		변혁적	거래적	
오너형	N	82	19	101
	row %	81.2	18.8	100.0
	column %	34.9	23.8	32.1
	Total	26.0	6.0	32.1
전문형	N	153	61	214
	row %	71.5	28.5	100.0
	column %	65.1	76.3	67.9
	Total	48.6	19.4	67.9
Total	N	235	80	315
	row %	74.6	25.4	100.0
	column %	100.0	100.0	100.0
	Total	74.6	25.4	100.0

Chi-square 3.402 prob 0.042

　최고경영자 유형에 따라서 리더십 스타일에서는 Chi-square검증결과 통계적으로 유의한 차이가 있다.(p<0.05) 오너형 리더의 경우 81.2%가 변혁적 리더십으로 운영하고 있고 18.8%는 거래적 리더십이 적용된다. 전문형 리더의 경우에는 71.5%가 변혁적 리더십이며, 28.5%는 거래적 리더십으로 운영하는 것으로 나타났다. 이처럼 최고경영자의 리더유형에 따른 리더십 스타일이 달리 적용되고 있다고 볼 수 있다. 특히 제조업체를 포함한 모든 기업들이 기업의 경쟁력을 확보하고 조직성과를 신장시키기 위해 전문경영체제를 도입하고 있는 가운데 CEO의 유형에 따라 회사의 특성이 다르겠지만 변혁적 리더십은 오너형 리더에게서 전문형 리더보다 다소 높은 편이며, 거래적 리더십에서는 오히려 오너형 리더보다 전문형 리더에게서 많은 분포를 차지하고 있다. 이에 따라 CEO유형에 따라 리더십유형에 영향을 미친다는 〈가설 Ⅰ〉은 5%의 유의수준에서 채택된다고 할 수 있다.

제2절 CEO유형에 따른 의사소통

가설 Ⅱ. CEO의 유형이 의사소통 유형에 영향을 미친다.
　　H2-1: 오너형 리더조직일수록 비공식적 의사소통의 성향이 강하다.
　　H2-2: 전문형 리더조직일수록 공식적 의사소통의 성향이 강하다.

CEO유형에 따라 의사소통의 성향은 다르다. 전문형 리더조직에서는 공식적 의사소통이 강한 반면, 오너형 리더조직에서는 비공식적 의사소통 성향이 강하다. 이러한 현상은 일반적으로 리더의 유형에 따라 의사소통에 대한 공식적 이해를 달리한데 기인한다. 분석결과 공식적 의사소통에 대해서는 리더의 유형에 따라 차이가 없이 유사하다. 그러나 비공식적 의사소통에 대해서는 전문형보다는 오너형 리더에게서 높은 성향을 보여주고 있다. 따라서 〈가설 H2-1〉은 기각되며, 〈가설 H2-2〉는 채택된다.

오너형 리더가 전문형 리더보다 비공식적 의사소통에 대하여 상대적으로 긍정적인 경향을 보여주고 있지만 비공식적 의사소통에 대해서는 CEO유형에 따른 차이가 없는 것으로 나타났다.

전문경영자 기업에서는 비공식적 의사소통정도가 평균 3.41로 나타났으며 오너형 기업의 평균 3.64로 높게 나타나 오너형 기업에서 비공식적 조직체계를 활용하는 정도가 높다(〈표 4-2〉 참조). 이에 따라 전문경영자 기업의 조직성과가 높아가고 있다는 점을 미루어 볼 때 비공식적 의사소통을 배제하는 것이 조직성과에 긍정적인 영향을 미칠 수 있다는 점을 시사해준다.

〈표 4-2〉 CEO유형에 따른 의사소통유형

변 수	문 항	인원수	평균값	F값	F값 유의도
공식적	오너형	101	3.7343		
	전문형	214	3.6153	2.819	0.094n.s.
	계	315	3.6534		
비공식적	오너형	101	3.6361		
	전문형	214	3.4054	7.477	0.007**
	계	315	3.4794		

**: p〈0.01 n.s.: not significant

제3절 CEO유형에 따른 조직성과

가설 Ⅲ. CEO유형이 조직성과에 영향을 미친다.
전문형 리더조직의 경우에 오너형보다 조직의 적응력, 조
직몰입, 직무만족에 큰 영향을 미친다.

CEO유형에 따른 조직성과를 파악하기 위해 성과측정변수를 조
직적응성과 직무만족, 조직몰입에 따라 개별적으로 비교분석해 보
았다. CEO의 유형에 따라서 구성원의 조직 적응성과 직무만족에
는 유의한 차이가 없지만 조직몰입에서는 통계적으로 유의한 차
이가 있다. 따라서 〈가설 Ⅲ〉은 5%의 유의 수준에서 부분적으로
만 채택되었다.

〈표 4-3〉 CEO유형에 따른 조직성과

변 수	문 항	N	M	SD	F값	F값유의도
적 응 성	오너형 전문형 계	101 214 315	3.4752 3.4967 3.4898	.5155 .4572 .4759	0.139	.710n.s
조직몰입	오너형 전문형 계	101 214 315	3.6139 3.4003 3.4688	.7927 .7549 .7724	5.317	.022*
직무만족	오너형 전문형 계	101 214 315	3.5545 3.4654 3.4940	.6728 .6732 .6733	1.201	.274n.s

*: $p < 0.05$ n.s.: not significant

구성원의 조직몰입에 대해서는 전문형CEO기업보다 오너형에서 높게 반응하였다. 이같은 결과는 오너형 리더에 의한 조직경영이 구성원의 조직몰입을 강화시켜주는 요인으로 작용하고 있어 다소 이색적인 결과를 보여준다.

제4절 리더십유형에 따른 의사소통유형

가설 Ⅳ. 리더십 유형이 의사소통 유형에 영향을 미친다.
H4-1: 변혁적 리더십은 비공식적 의사소통 성향이 강하다.
H4-2: 거래적 리더십은 공식적 의사소통 성향이 강하다.

최고경영자의 리더십은 경영철학에 따라 다르지만 전문경영자가 갖는 리더십은 구성원과 리더가 공동체문화를 형성하면서 추진력을 발휘하기 위해 조직성과가 상대적으로 극대화할 수 있는 리더십에 더 많은 관심을 갖게되므로 리더십유형에 따라 의사소통도 다른지를 검증할 필요가 있다. 검증결과, 공식적 조직에 대해서는 변혁적 리더십이 평균 3.69로 매우 긍정적으로 평가하고 있지만 거래적 리더십은 평균 3.49로 상대적으로 낮게 반응하였다(〈표 4-4〉 참조). 또한 비공식적 의사소통에 대해서도 변혁적 리더십이 거래적 리더십보다 높게 인식하고 있다는 점이 특이하다고 볼 수 있다. 결국 변혁직 리더십 조직에서 공식적이면서 비공식적 의사소통의 성격도 강하다. 따라서 리더십유형이 의사소통 유형에 영향을 미친다는 〈가설 Ⅳ〉는 기각된다.

〈표 4-4〉 리더십유형에 따른 의사소통

변 수	리더십	N	M	SD	F값	F값유의도
공식적	변혁적	235	3.6929	.5931		
	거래적	80	3.4937	.5233	7.128	.008 * *
	계	315	3.6423	.5819		
비공식적	변혁적	235	3.5255	.7246		
	거래적	80	3.3438	.6344	3.992	.047 *
	계	315	3.4794	.7062		

* * : $p < 0.01$ * : $p < 0.05$

제5절 리더십유형에 따른 조직성과

> **가설 Ⅴ. 리더십 유형이 조직성과에 영향을 미친다.**
> 거래적 보다는 변혁적 리더십이 적응성, 조직몰입, 직무
> 만족에 더 큰 영향을 미친다.

CEO가 추진하는 리더십에 따라 조직성과에 대한 차이를 분석한 결과 조직적응성, 조직몰입에서 다른 결과를 보여주지만 직무만족에서는 리더십유형에 따라 차이가 없다.

조직적응성과 조직몰입은 CEO의 변혁적 리더십이 거래적 리더십보다 상대적으로 높게 반응하였다. 따라서 조직의 미래에 대한 비전을 제시하고 환경의 변화에 신축적으로 대처하는 리더십이 조직성과를 높여줄 수 있다

전문경영인은 회사에 더욱 전념하되 더 큰 일을 도모할 계획을

수립하고 변혁적 리더십을 발휘하게 된다. 최고경영자의 높은 잠
재력에 비해 시장성이 취약하거나 발전속도가 느린 업종을 선택
하면 소정의 효과를 기대하기 어렵기 때문이다. 오프라인과 온라
인을 연결한 미래형 네트웍 비즈니스로 승부한다거나 앞으로의
시대추세에 맞는 업종을 선택한다면 더욱 많은 발전을 기대할 수
있다. 그리고 조직운영 차원에서는 최고경영자의 자질과 역량만
믿지 말고 조직적 시너지를 만드는 것이 중요하다. 자칫 독선에
빠질 우려도 있기 때문이다. 현대의 기업은 경영자 역량 못지 않
게 조직전체의 역량이 높아져야 성공할 수 있다.

<표 4-5> 리더십에 따른 조직성과에 대한 차이분석

변　수	리더십	N	M	SD	F값	F값유의도
적 응 성	변혁적 거래적 계	235 80 315	3.5240 3.3893 3.4898	.4681 .4875 .4759	4.841	.029*
조직몰입	변혁적 거래적 계	235 80 315	3.5333 3.2792 3.4688	.7779 .7281 .7724	6.577	.011*
직무만족	변혁적 거래적 계	235 80 315	3.5353 3.3725 3.4940	.6861 .6226 .6733	3.518	.062n.s

제6절 의사소통과 조직성과

가설 Ⅵ. 공식적 의사소통이 비공식적 의사소통보다 조직성과에 미치는 영향을 클 것이다.

일반적으로 공식적 의사소통이 조직성과가 높다. 이러한 관계를 검증하기 위해 다중회귀분석을 실시하였으며, 분석 결과에서 나타난 바와 같이 의사소통이 조직성과에 미치는 영향력은 모두 긍정적 관계를 보여주고 있다. 따라서 조직성과변수인 조직적응성, 조직몰입, 직무만족에 대하여 의사소통이 미치는 영향력을 개별적으로 분석해본다.

1. 의사소통과 조직적응성과의 관계

의사소통이 조직적응성에 미치는 영향력을 분석한 결과 공식적 의사소통이 비공식적 의사소통보다 높게 작용하는 것으로 나타났다. 의사소통이 조직적응성에 미치는 영향관계는 베타계수로 비교할 수 있는데 공식적 의사소통이 0.37이며, 비공식적 의사소통은 0.254로 상대적으로 높은 수준으로 나타났다. 의사소통과 조직적응성과의 관계모형의 설명력은 32.7%(p<0.001)로 나타나 대체로 적절하다(〈표 4-6〉 참조). 이러한 결과는 제조업체의 구성원의 조직적응성에 작용하는 요인으로 비공식적 의사소통보다는 공식적인 의사소통이 강조된다는 점을 시사해 준다.

〈표 4-6〉 의사소통에 따른 조직 적응성에 대한 회귀분석

독립변수	표준화회귀계수(β)	t값	t값 유의도
공식적 의사소통	0.370	5.928	0.000
비공식적 의사소통	0.254	4.066	0.000
R^2	0.327		
Adjusted R^2	0.322		
F값	75.692		
F값의 유의도	0.000		

* 종속변수: 조직적응성

2. 의사소통과 조직몰입과의 관계

의사소통이 조직몰입에 미치는 영향관계는 매우 유의하다. 조직몰입에 영향을 주는 의사소통은 공식적보다는 비공식적 의사소통이 강하게 작용하고 있다. 이를 비교하는 베타계수의 크기는 비공식적 의사소통이 0.445이며, 공식적 의사소통은 0.172로 나타났다. 전체적인 모형의 설명력은 33.0%수준으로 대체로 높게 설명된다(〈표 4-7〉 참조). 분석결과에서 나타난 바와 같이 제조업체 구성원의 조직몰입을 위해서는 공식적 의사소통보다는 비공식적 의사소통이 더 설득력을 발휘한다고 볼 수 있다.

〈표 4-7〉 의사소통에 따른 조직 몰입에 대한 회귀분석

독립변수	표준화회귀계수(β)	t값	t값 유의도
공식적 의사소통	0.172	2.758	0.006
비공식적의사소통	0.445	7.147	0.000
R^2	0.330		
Adjusted R^2	0.325		
F값	76.726		
F값의 유의도	0.000		

* 종속변수: 조직몰입

3. 의사소통과 직무만족과의 관계

의사소통이 직무만족에 매우 의미있는 영향을 주고 있다. 이러한 결과는 의사소통과 직무만족과의 다중회귀분석 검증한 결과 의사소통이 구성원의 직무만족에 미치는 영향력을 매우 큰 것으로 나타났다. 이 중에서 비공식적 의사소통보다는 공식적 의사소통이 직무만족에 상대적으로 크게 영향을 미치고 있다. 직무만족에 대한 의사소통변수의 베타계수를 보면 공식적의사소통은 0.357인 반면 비공식적 의사소통은 0.451이다. 의사소통과 직무만족과의 관계모형의 설명력은 54.6%로 매우 높다(〈표 4-8〉 참조).

〈표 4-8〉 의사소통에 따른 직무만족에 대한 회귀 분석

독립변수	표준화회귀계수(β)	t값	t값 유의도
공식적 의사소통	0.357	6.973	0.000
비공식적의사소통	0.451	8.789	0.000
R^2	0.546		
Adjusted R^2	0.543		
F값	187.506		
F값의 유의도	0.000		

* 종속변수: 직무만족

제7절 CEO리더십 유형별 조직적응성, 조직몰입, 직무만족 분석

1. CEO리더십 유형별 조직적응성과의 관계

CEO리더십의 유형에 따른 조직적응성에 대한 분석결과 리더십에 따라 조직적응성에는 차이가 심한 것으로 나타났다. 즉 변혁적 리더십을 적용하는 조직에서는 조직적응성이 평균 3.52로 거래적 리더십의 조직적응성 평균 3.39보다 높은 수준이다(〈표 4-9〉 참조). 결과적으로 조직적응성은 변혁적 리더십을 구사하는 기업에서 높다는 것을 시사해준다. 따라서, 연구가설은 채택되었다.

〈표 4-9〉 리더십과 조직적응성과의 관계

변 수	리더십	N	M	SD	F값	F값유의도
적 응 성	변혁적	235	3.5240	.4681		
	거래적	80	3.3893	.4875	4.841	.029*
	계	315	3.4898	.4759		

* :p〈0.05

2. CEO리더십 유형별 조직몰입과의 관계

CEO리더십의 유형에 따른 조직몰입에 대한 분석결과, 리더십에 따라 조직몰입정도는 다른 것으로 나타났다. 조직적응성과 마찬가지로 조직몰입의 수준은 변혁적 리더십을 적용하는 조직에서 평균 3.53으로 거래적리더십을 적용하는 조직의 평균 3.29보다 높은 수준이다(〈표 4-10〉 참조). 결과적으로 조직몰입은 변혁적 리더십에서 강하게 작용하고 있다. 따라서 연구가설은 채택되었다.

〈표 4-10〉 CEO리더십에 따른 조직몰입에 대한 비교 분석

변 수	리더십	N	M	SD	F값	F값유의도
조직몰입	변혁적	235	3.5333	.7779	6.577	.011*
	거래적	80	3.2792	.7281		
	계	315	3.4688	.7724		

* :p〈0.05

3. CEO리더십 유형별 직무만족과의 관계

리더십에 따른 직무만족에는 유의한 차이가 없다(p〉0.05). 제조업체의 구성원 직무만족수준은 최고경영자의 리더십에 따라 달라지지 않고 유사하다. 전체적인 직무만족수준은 3.49로 대체로 높은 수준이지만 최고경영자의 리더십형태에 따라 차이점이 없이 비슷한 수준이다(〈표 4-11〉 참조). 따라서, 연구가설은 채택되었다.

〈표 4-11〉 CEO리더십에 따른 직무만족에 대한 비교 분석

변 수	리더십	N	M	SD	F값	F값유의도
직무만족	변혁적	235	3.5353	.6861	3.518	.062 *
	거래적	80	3.3725	.6226		
	계	315	3.4940	.6733		

* :p〈0.05

제5장 결　론

제1절 연구결과의 요약 및 시사점

제조업체의 CEO들이 지향하는 조직구조 성격과 조직성과는 기업환경과 CEO의 경영철학과 이념에 따라 다르다. 본 연구는 기업의 지분관계와 리더십유형으로 CEO를 구분하고 이에 따른 의사소통과 조직성과와의 관계를 파악하였다.

연구의 배경으로 최근 대내외적으로 어려움에 직면하게 된 기업들이 전문경영자체제로 전환 운영하고 있는 추세에서 과연 전문경영자를 도입한 기업이 조직성과에 미치는 영향력이 있는가를 검증해 보고자 하였다. 조직성장의 핵심은 어떤 유형의 CEO인지에 따라 결정된다고 해도 과언이 아니다. CEO가 누구냐에 따라 조직의 업무방식, 조직문화, 조직의 성과가 결정될 것이다.

본 연구에서는 CEO의 유형과 리더십유형에 따라 적용하는 조직체제와 나타나는 조직성과를 실증적인 검증을 통해 분석하였다. 조직성과를 측정하는 데 있어서는 구성원의 직무만족, 조직적응성, 조직몰입 변수를 사용하였다.

본 연구를 수행하기 위해 지방도시의 가장 오래되고 대표적인 공단에 입주한 제조업체 CEO를 대상으로 5점 척도로 작성된 설문지조사를 통하여 연구자료를 수집하였다. 해당 지역 공단이 조립금속분야와 부품산업을 위주로 하고 있어 지역 중소제조업체를 대표한다. 그리고 본 연구에 사용된 통계처리 및 검증방법은 교차 분석과 Chi-square검증, t-test, 분산분석(one-way ANOVA), 요인분석, 다중회귀분석이었으며, 자료의 신뢰도 분석을 위하여 Cronbach-alpha test를 실시하여 항목간의 내적 일관성을 검증 하였다.

본 연구의 가설검증결과 및 시사점을 요약하면 다음과 같다.

첫째, CEO의 유형으로서 전문형의 비율이 오너형보다는 2배 이상 많은 것으로 조사되고 있어서 많은 기업들이 전문경영체제 를 도입하고 있었다. 또한 CEO의 유형에 상관없이 변혁적 리더 십유형이 차지하는 비중이 74.6%에 이르고 있으며, 구체적으로 오너형 조직에서 81.2%, 전문형 조직에서 71.5%가 변혁적 리 더십이 발휘되고 있으며, 거래적 리더십은 오너형보다 전문형에서 더 많이 발휘되고 있음을 알 수 있다. 이처럼 CEO의 유형에 따 라 발휘하는 리더십에 차이를 보여 〈가설 Ⅰ〉은 채택된다.

둘째, 분석결과 공식적 의사소통에 대해서는 CEO의 유형에 따 라 차이가 없이 유사하다. 그러나 비공식적 의사소통에 대해서는 전문형보다는 오너형 CEO에게서 높은 성향을 보여 주고 있다. 따 라서 CEO유형에 따라 의사소통유형에 영향을 미친다는 〈가설 Ⅱ〉 는 부분적으로만 채택된다. 즉, 오너형 리더가 전문형 리더보다 비 공식적 의사소통에 대하여 상대적으로 긍정적인 경향을 보여주고 있지만 비공식적 의사소통에 대해서는 CEO유형에 따른 차이가 없 는 것으로 나타났다. 이에 따라 전문경영자 기업의 조직성과가 높아 가고 있다는 점을 미루어 볼 때 비공식적 의사소통을 배제하는 것이 조직성과에 긍정적인 영향을 미칠 수 있다는 점을 시사해준다.

셋째, CEO유형에 따른 조직성과를 파악하기 위해 성과측정변수를 조직적응성과 직무만족, 조직몰입에 따라 개별적으로 비교·분석한 결과 CEO의 유형에 따라서 구성원의 조직적응성과 직무만족에는 유의적 차이가 없지만 조직몰입에서는 통계적으로 유의적인 차이가 있다. 따라서 CEO유형이 조직성과에 영향을 미친다는 〈가설 Ⅲ〉은 부분적으로만 채택된다.

넷째, 리더십유형이 의사소통유형에 영향을 미치는지를 검증한 결과, 공식적 의사소통이나 비공식적 의사소통 모두에 대하여 변혁적 리더십이 거래적 리더십보다 높게 발휘되고 있는 것으로 나타났다. 따라서 리더십유형이 의사소통유형에 영향을 미친다는 〈가설 Ⅳ〉는 기각된다.

다섯째, CEO가 추진하는 리더십에 따라 조직성과에 대한 차이를 분석한 결과 조직적응성, 조직몰입에서 다른 결과를 보여주지만 직무만족에서는 리더십유형에 따라 차이가 없다. 따라서 리더십유형이 조직성과에 영향을 미친다는 〈가설 Ⅴ〉는 5%의 유의수준하에서 부분적으로만 채택된다. 즉, 조직적응성과 조직몰입은 CEO의 변혁적 리더십이 거래적 리더십보다 상대적으로 높게 반응하였다. 따라서 조직의 미래에 대한 비전을 제시하고 환경의 변화에 신축적으로 대처하는 리더십이 조직성과를 높여줄 수 있음을 시사해 준다.

여섯째, 공식적 의사소통이 비공식적 의사소통보다 조직성과를 높여주는지를 검증한 결과, 조직적응성에 대해서는 공식적 의사소통과 비공식적 의사소통 모두 긍정적으로 영향을 미치고 있으며, 직무만족과 조직몰입에 있어서는 공식적 의사소통이 긍정적으로 영향을 주게 되어 비공식적 의사소통은 영향력이 없다, 따라서 〈가설 Ⅵ〉는 채택된다.

제2절 연구의 한계점 및 향후 연구과제

본 연구의 한계점과 그에 따른 향후 연구과제를 제시하면 다음과 같다.

첫째, 일반화의 문제이다. 본 연구는 일정 규모의 표본을 토대로 하여 분석을 하였지만 시간을 두고 어떤 모습을 나타내는지를 분석해 보는 시계열의 종단연구가 되지 못하고 횡단적인 연구가 되었다는 점이다. 따라서 본 연구결과가 얼마나 많은 조직에 일반화될 수 있을지 일반화 정도에 한계가 있을 수 있다. 그러므로 향후의 연구는 보다 많은 지역의 구성원들을 대상으로 횡단적인 연구는 물론 시차를 두고 일관성을 조사하는 종단적인 연구가 이루어질 필요가 있다.

둘째, 본 연구는 영향을 줄 수 있는 많은 환경변수를 고려하지 못하였다는 점이다. 즉 기업의 역사, 지분구조, 대주주의 영향력 정도 및 다양성, 미래 경영전략 등 많은 변수를 고려하여 연구가 진행되지 못하고 설정된 변수들만을 중심으로 조직내의 상황을 설명하려 하였다는 점이다. 따라서 향후의 연구는 기업의 역사, 실질적인 지분구조, 대주주의 영향력 정도 및 다양성, 미래 경영전략 등 많은 변수를 고려하여 보다 분명한 연구결과를 도출하는 것이 필요하다.

셋째, 설문조사 및 자료수집상의 한계점이 있다. 설문지조사를 토대로 하여 연구를 진행하였기 때문에 질적인 특성을 가지는 요소들에 대하여도 응답자들의 인식을 단순히 5점 척도를 이용하여 계량화하는 방법을 적용하였다. 그러므로 향후의 연구는 질적인 특성에 대하여는 5점 척도 등의 방법 이외에 다른 적절한 방법을 고려하여 연구를 진행할 필요가 있다.

넷째, 본 연구에서는 설문지를 통하여 자료를 수집하였으나 그 이외의 방법으로 실험실 실험 및 관찰법 등을 이용한 연구가 필요하며, 그에 따른 연구결과의 비교도 필요하다.

다섯째, 조직성과 변수인 조직적응성, 직무만족 및 조직몰입이 의사소통 유형과 리더십유형에 미치는 피드백 관계를 검증할 필요가 있다. 왜냐하면 리더십유형과 의사소통이 조직성과에 긍정적인 영향을 미치는 선순환구조에서는 역의 관계도 성립할 수도 있기 때문이다.

참고문헌

〈 국내문헌 〉

1. 국내서적

김대운외 공역(1997), 『조직과 리더십』, 서울: 형설출판사.

김성국(2001), 『경영과 사회』, 명경사.

김성수(2002), 『리더십이론의 연구』, 서울 리더십센터.

김명훈(1999), 『리더쉽이론』, 대왕사.

김석희(1998), 『조직행위론강의』, 법경사.

김인수(1995), 『거시조직이론』, 무역경영사.

김종재(1999), 『조직행위론』, 박영사.

남궁평. 홍종선(1996), 『범주형 자료 분석』, 탐진, 서울.

박경문(1999), 『인사관리론』, 세종출판사.

박내희(2000), 『조직행동론』, 박영사.

박영배(1999), 『조직행위론』, 서울: 법문사.

박재린(1998), 『현대조직론의 이해』, 무역경영사.

박철호(2000), 『경영조직론』, 박영사.

삼성경제연구소(1994), 『대기업병』.

서남수 외(1994), 『경영관리론』, 서울: 박영사.

신유근(1993), 『조직행위론』, 다산출판사.

______(1997), 『인간존중의 경영』, 다산출판사.

신철우(1998), 『조직행동론』, 서울: 문영사.

양상진(2002), 21세기 리더십 혁신, 광주;한출판

양창삼(1994), 『조직행동의 이해』, 법문사.

윤우곤(1997), 『조직관리학』, 서울: 다산출판사.

이영준(1995), 『SPSS/PC를 이용한 다변량 분석』, 석정.

이장원(1995), 『한국의 기업엘리트』, 백산서당.

이학종(1995), 『조직행동론』, 세경사.

______(1993), 『기업문화론』, 법문사.

임창희(2000), 『조직행동』, 학현사.

정충영·최이규(1997), 『SPSSWIN을 이용한 통계분석』, 제2판, 무
    역경영사, 서울.

채서일(1997), 『사회과학 조사방법론』, 학현사, 서울.

추 헌(2000), 『조직행동론』, 형설출판사.

허철부(2000), 『조직행동론』, 형설출판사.

2. 국내논문

김광웅(1976), "조직형태와 조직성과간의 인과관계 모형정립", 『행정
    논총』, 서울대학교 행정대학원, 제 14권 제 1호.

김남현·이주호(1997), "조직의 문화유형, 최고경영자의 리더십 유
    형 및 행동성과에 관한 실증연구", 인사조직연구 제5권 제1
    호, 한국인사조직학회, pp.193-238.

김종각(1992), "학교조직유형·의사소통유형·교사의 직무만족도의
    상관관계연구", 경희대학교 대학원.

박건식(1990), "리더십유형과 직무만족도에 관한 실증적 연구", 『경제경영연구』, 조선대학교, pp.137-182.

박철순 & 유진탁(1998), 전략결정요인으로서의 최고경영자: Upper Echelons 이론 및 자유재량이론의 통합 모형, 전략경영연구, 제2권, pp.147~167.

박영배(1996), "기업 종업원의 근로가치관과 리더십이 직무만족에 미치는 영향", 『경영학연구』 제25권 제4호, 한국경영학회, pp.133-160.

백기복·신제구·차동옥(1998), "한국 경영학계의 리더십 연구 30년: 문헌검증 및 비판", 『경영학연구』 제27권 제1호, 한국경영학회, pp.113-156.

백윤정(1998), "경영진의 대외연결능력이 조직성과에 미치는 영향", 『인사조직 연구』, 제6권 pp.167~220.

Seong-Joon Lim(1999), "Erframing the Diversity-Performance Relationship: The Role of Environment Similarity as a New Dimension of Relatedness", 『전략경영연구』, 제2권, pp.47~85.

신유근(1985), "기업문화와 조직성과", 『경영론집』, 서울대 경영연구소.

______(1996), "한국기업 최고경영자의 행동특성과 리더십 스타일", 『인사·조직연구』 제4권 제2호, 한국인사·조직학회, pp.203-233.

유성식(1991), "커뮤니케이션만족이 직무만족·조직몰입에 미치는 영향에 관한 연구" 서울대학교 대학원.

이경선(1991), "Fiedler의 리더십 유효성모델에 대한 실증연구", 『인사관리연구』 제15집, 한국인사관리학회, pp.35-56.

이덕로(1994), "변혁적·거래적 리더십이 부하의 추가노력, 직무만

족, 및 조직몰입에 미치는 영향", 『인사관리연구』 제18집, 한
국인사관리학회, pp.217-239.

이문선(1994), "리더십 유형이 종업원의 직무태도 및 만족에 미치는
영향", 『경영연구』 창간호, 한양대학교, pp.73-94.

오종석·이용탁(1996), "변혁적 리더십에 관한 연구", 『부산상대논집』
제67집, 부산대학교, pp.101-132.

임창희·홍용기(1994), "리더십 인지에 미치는 부하의 성고정관념",
『경영연구』 제18집, 홍익대학교, pp.339-412.

전상호(1987), 조직구성원의 직무태도와 리더행동의 상호작용에 관
한 연구, 한양대학교 대학원.

전보식(1990), "학교행정가의 행정행위와 교사의 직무불만족과의 관
계", 한국교원대학교 대학원.

전상호·신용존(1995), "조직문화와 리더쉽 및 조직성과에 관한 실
증연구", 동남경영학회, 『동남경영』, 제1호.

정형철·임성준(1995), "전략적 리더십이론에 관한 실증연구", 한국
경영학회, 『하계 발표논문집』, pp.585~596.

조영복(1988), "한국기업의 조직구조와 상황변수와의 관련성", 계명
대학교 대학원.

〈외국문헌〉

1. 외국서적

Albro, Robert D(1999), *Instirurion:* The University of
Chicago.

Bass, B. M.(1990), *Bass & Stogdill's Handbook of Leadership, 3th ed.*, New York: The Free Press.

Biard, Richard Palmer(2000), *Instirurion:* The Unrversity of Texas at Austin.

Bryans, Martha B.(2000), *Instirurion:* University of Pennsylvania.

Carlson, Jane Alyce Kaczkowskl.(2001), *Instirurion:* University of Minnesota.

Cavalli, Carl Douglas(1999), *Instirurion:* The University of North Carolina at Chapel Hill.

Collazo-Baker, Dori(2000), *Instirurion:* Harvard University.

Crume, Gene., Jr.,(2000) *Instirurion:* University of Virginia.

Davis, Erin Elizabeth(2001), *Instirurion:* Indiana University.

Echols Tobe, Dorothy(1999). *Instirurion:* Columbia University Teachers College.

Geist, Alan Lee(2001), *Instirurion:* The Ohio State University.

Grodon, G. G.(1996), *The Relationship of Coporate Culture to Industry Sector and Corporate Performance,* R. H. Kilmann, M. J. Saxton, R. Serpa and Associates.

Ghiselli, T. E.,(1971), *Exploration in Managerial Talent,* Pacific, Calif.: Good-year.

Harrison, David Todd(2000), *Instirurion:* The Ohio States University.

Hellriegel, D. and J. W. Slocum(1997), *Management, 6th ed.,* Addison-Wesely Pub. Company.

Hersey, P. & K. H. Blanchard(1977), *Management of Organizational Behavior, 3rd ed.* Englewood Cliffs, N. J.: Prentice-Hall.

Hick, H. G. and C. R. Gullet(1996), *The Management of Organizations, 3th ed.*, New York, McGraw-Hill.

Hoffman, Daniel Steven(1999). *Instirurion:* The Ohio State University.

Jones, Donna Marie(1999). *Instirurion:* Havard University.

Kast, F. E. and J. E. Rosenzweig(1995), *Organization and Management, 4th ed.*, New York: McGraw-Hill Book Co.

Likert, R(1992)., *the Human Organization*, New York: McGraw-Hill.

Luthans, F.(1981), *Organigational Behavior, 3rd ed.*, McGraw-Hill.

Miller, Stever Willam(2000), *Instirurion:* University of California, Berkeley.

Mott, P. E(1992). *The Characteristics of Effective Organization*, New York: Harper and Row.

O'Hara, Linda Ann(2001), *Instirurion:* Yale University.

Ogle, Edward Herbert(2000), *Instirurion:* University of California, Los angeles.

Parrish, Darlene Ann(2001), *Instirurion:* The Elorida State University.

Price, J. L.(1996), Organizational Effectiveness, *An Inventory of Propositions.*

Quinn, R. E. and J. R. Kimberly(1994), Paradox, Planning, and Perseverance: Guidelines for Managerial Practice, in Kimberly, J. R. and Quinn, R. E.(eds.), New Futures: *The Challenge of Managing Corporate Transitions*(New York: Dow Jones-Irwin.

Quinn, R. E. and M. R. Mcgrath(1995), The Transformation of Organizational Cultures: *A Competing Values Perspective, P. et al.(eds.) Organizational Vulture* (Beverly Hills, Cal: Sage).

Robinson, Anna Bess(1999). *Instirurion:* Columbia University Teachers College.

Ryan, Laura Christopherson(2001). *Instirurion:* New York University.

Saskin, M. and M. T. Morris(1984), *Organization Behavior and Experience,* Prentice-Hall.

Starr, Joshua Philip(2001), *Instirurion:* Harvard University.

Stogdill, R. M.,(1974), *Handbook of Leadership: A Surner of Theory and Research,* New York: The Free.

Sy, Thomas(2000). *Instirurion:* The University of Michigan.

Trudeau, Gregory Paul(2001), *Instirurion:* Unrversity of Minnesota.

Waller, Wynne Pomeroy(2000). *Instirurion:* Columbia University.

Warner, James Curtis(2001), *Instirurion*: Unrversity of Minnesota.

Yukl, G. A.(1999), *Leadership in Organzations*, Prentice-Hall International Inc.

2. 외국논문

Ashmed S, Ashour(1973). "The Contingency Model of Leadership Effectiveness: An Evaluation," *Organizational Behavior and Human PerforMance. pp.234-256.*

___________________(1985), "Leadership: Good, Better, Best," *Organizational Dynamics. pp.25-45.*

Bowers, D. G. and S. E. Seashore(1992), "Predicting Prganizational Effectiveness with a Feur-Factor Theory of Leadership," *Administrative Science Quarterly. p.249.*

Cameron, K. S.(1978), "Measuring Organizational Effectiveness in Institutions of Higher Education," *Administrative Science Quarterly, Vol.23,* No.4, pp.67-80.

Cameron, K. S. and S. J. Freeman(1988), "Culture Congruence, Strength, and Type: *Relationship to Effectiveness,*" Michgan State University, pp.340-363.

Child, J.(1974), "Managerial and Organizational Factor Associated with Company Performance-Part 1," *Journal of Management Studies, pp.450-467.*

_________(1982), "Organization Structure and Strategies of

Control," *Administrative Science Quarterly*, 17, pp.163~167., B. C.

Reimann(1993), "On the Dimensions of Bureaucratic Stucture: An Empirical Reappraisal," *Administrative Science Quarterly, pp.35-60.*

Comeny, A. L. and H. P. Beem(1952), "Factors Influencing Organizational Effectiveness," *Personnel Psychology*, pp.327-329.

Conger, J. A.(1997), "Toward a Behavioral Theory of Charismatic Leadership in Organizational Settings," *AMR, Vol.12, No.4, pp.256-271.*

Dalton, D. R., W. D. Todor, M. J. Spendolini, G. J. Fielding, and L. W. Porter(1999), "Organizational Structure and Performance: A Critical Review," *Academy of Management Review, pp.67-78.*

Denison, D. R.(1999), *Corporate Culture and Organizational Effectiveness,* New York: John Wiley and Sons, pp.89-106.

Eveland, J. D. and J. H. Romani(1991), "Conceptualizing the Goal and System Models of Organizational Effectiveness," *Journal of Management Studies, pp.78-97.*

Friedlander, F. and H. Pickle(1998), "Components of Organizational Effectiveness," *Administrative Science Quarterly, p.435.*

Georgopolous, B. S. and A. S. Tannenbaum(1995), "A

study of Organizational Effectiveness," *American Socioligical Review, pp.35-57.*

Gordon, G. G. and N. Ditomaso(1992), "Predicting Corporate Performance from Organizational Culture," *Journal of Management Studies, pp.45-67.*

Hain, T. and R. Widgery(1973), "Organizational Diagnosis the Significant Role of Communication", *Presented to the International Communication Association,* Montreal, p.90.

Jackofsky, E. F(1994). "Turnover and Job Performance: An Integrated Process Model," *AMR, Vol.9, pp.122-145.*

Jernome A. Mank(1972). "Meanings and Measures of Productivity," *Public Administration Review, XXXII, pp.474-753.*

Keeley, M.(1998), "A Social-Justice Approach to Organizational Evaluation," *Administrative Science Quarterly, Vol.23, No.2, p.272.*

Kerr, S. and S. Schriescheim(1974), "Consideration, Initiationg Structure, and Organizational Criteria-An Update of Korman's 1966 Review", *Personnel Psychoalogy, Vol. 27, pp.555-568.*

Kuhnert Lewis, K. W.(1997), "Transactional Leadership and Transformational Leadership: A Constructive/ Developmental Analysis," *AMR, Vol.2, No.4,* pp.256-278.

Lincoln, J. R. and A. L. Kalleberg(1990), "Culture, Control, and Commitment: *A Study of Work Organization and Work Attitude in the United States and Japan*," Cambridge University, pp.456-478.

Mahoney, T. A.(1996), "Managerial Perceptions of Organizational Effectiveness," *Management Science*, *pp.78-99*.

Mahoney, T. A. and W. Weitzel(1991), "A Supervisory View of Unit Effectiveness," *California of Review*, *pp.78*.

Muchinsky, P. M.(1988), "An Intraorganizational Analysis of the Roberts and O'Reilly Organizational Communication Questionaire", *Journal of Applied Psychological*, *Vol.62*, pp.184-188.

Pennings, J. M.(1992), "The Relevance of the Structural Contingency Model of Organizational Effectiveness," *Administrative Science Quarterly, Vol.20, pp.299-305.*

Pincus, J. D(1986), "Communication Satisfaction, Job Satisfaction and Job Performance", *Human Communication Research,* 12(3). p.5.

Podsakoff, P. M.(1990), "Transformational Leader Behaviors and Their Effect on Follower's Trust in Leader and OCB Behavior," *Leaership Quarterly, Vol.1, No.3, pp.89-102.*

Roberts, K. H. and O'Reilly, C. A.(1979), "Some Correction of Communication Roles in Organization", *Academy of Management Journal, Vol.22,* pp.42-57.

Saffold Ⅲ, G. S.(1998), "Culture Traits, Strength, and Organizational Performance: Moving Beyond Strong Culture," *Academy of Management Review, Vol.13, No.4,* pp.134-156.

Schein, E. H.(1995), "Organizational Culture and Leadership," San Francisco: *Jossey-bass, Administrative Science Quarterly, pp.601-621.*

Schawartz, H. and S. M. Davis(1991), "Matching Corporate Culture and Business Strategy," *Organizational Dynamics, Summer, p.77.*

Schuler, R. S.(1990), "A Role Perception Transactional Process Model for Organizational Communication-Outcome Relationships", *Organizational Behavioral and Human Performance, Vol.23,* pp.25-36.

Seashore, S. E. and E. Y. Yuchtman(1967), "Factorial of Organizational Performance," *ASQ, p.169.*

Smith, H. L., & L. M. Kruger(1993) "A Brief Summary of Literature on Leadership" B*ulletin of the school of Education,* Indiana University, Vol. 9, pp.3-8.

Szilagyi, A. D. Jr. and M. J. Walance, Jr.('983), Organizational Behavior and Performance, 3rd. ed,., *Scott Foreman and C, Glenview* Ill., p.272.

Tannenbaum, R, and W. H. Schmidt(1993), "How to Choose a Leadership Pattern," *Harvard Business Review, May~June, pp.356-377.*

Trice, H. M. and J. M. Beyer(2000), "Culture Leadership

in Organizations," *Organization Science*, Vol.2, No.2, 2000, pp.543-567.

Vecchio, R.(1977), "An Empirical Examination of the Validity of Fiedler's Model," *Organizational Behavior and Human Performance, June, pp.19-37.*

Webb, R. J.(1994), "Organizational Effectiveness and the Voluntary Organization," *AMJ, Vol.12,* pp.453-478.

Whale, K. W. and T. G. Hegstrom(1992), "Perception of School Principal Communication Effectiveness and Teacher Satisfaction on the Job", *Journal of Research and Development in Education,* 25(4), pp.224-231.

Wheeless, L. G., Wheelees, V. E. and R. D. Howard(1984), "The Rrlationship of Communication with Supervisor and Decision-Participation to Employee Job Satisfation", *Communication Quarterly,* 32(3), pp.222-232.

Yuchtman, E. and S. E. Seashore(1967), "A System Resource Approach to Organizational Effectiveness," ASQ, *Vol.12, pp.377-395.*

설 문 지

안녕하십니까!

저는 연구 논문작성에 필요한 자료 수집을 위해 설문조사를 하고자 합니다.

본 설문지는 리더십과 조직원의 직무만족에 관한 연구를 위한 기초 자료로 학문적 연구이외의 다른 목적으로는 일체 사용되지 않을 것 입니다.

본 설문은 완전히 익명으로 행해지며, 여러분께서 작성해 주신 자료는 연구자료로만 사용될 것입니다.

바쁘시더라도 잠시 시간을 내셔서 성의껏 답변해 주시면 많은 도움이 되겠습니다.

대단히 감사합니다.

2002. 3.

경원대학교 대학원 박사과정. 인사관리전공

양 상 진

Ⅰ. 귀사의 경영자 유형은 다음 중 어디에 속하십니까? (   )

① 나는 이 회사의 최대 주주이자 경영자이다.

② 나는 이 회사의 전문성을 가진 경영인이다.(주식 5%미만)

Ⅱ. 귀사의 경영자 관리스타일(리더십 스타일)은 다음 중 어디에 가장 가깝다고 생각하십니까? (   )

① 회사의 경영자는 직원들에게 분명한 미래의 비젼을 제시하며, 환경의 변화에 적절하게 대처하는 정책비젼과 시스템을 구축한다. 집단목표를 달성하는데 필요한 지원과 적절한 배려를 해준다.

또한 부하들에게 구체적인 목표 달성방법을 제시하여 목적의식을 고취시키는 방향으로 회사를 이끌어 간다.

② 경영자는 부하들에게 노력(실적)에 대한 적절한 보상을 제공하며, 업무 수행시에 철저하게 감독을 행한다. 그러나 만일 문제가 발생하거나 성과가 저조할 경우에는 부하에게 책임을 질책하고, 부하들의 요구사항에 대한 조치는 신속치 못한 편이다.

③ 경영자는 매우 소신이 있어 부하들에게 가끔 자신의 견해나 신념을 소신있게 전달한다. 가끔 현실성이 없는 비젼을 제시하고, 업무 수행상 위험부담이 있을 경우라도 과감하게 추진하는 편이다. 또한 목표달성에 필요한 행위나 업무 수행에 필요한 의사결정을 독단적으로 내리는 편이다.

Ⅲ. 귀사의 조직구조에 대하여 어떻게 생각하십니까?해당란에
"V"표 하십시오.

번호	설 문	전혀 그렇지 않다	그렇지 않은 편이다	보통 이다	조금 그렇다	매우 그렇다
1	우리회사는 자신의 태도를 분형하게 밝히는 편이다.	①	②	③	④	⑤
2	우리회사는 모든 부하직원들을 평등하게 대우한다.	①	②	③	④	⑤
3	우리회사는 부하직원들이 무슨 일을, 어떻게 해야 하는지 분명하게 결정한다.	①	②	③	④	⑤
4	우리회사는 어떤 변동사항이 있을 때 부하들에게 미리 알려준다.	①	②	③	④	⑤
5	우리회사는 부하직원들과 잘 어울리는 편이다.	①	②	③	④	⑤
6	우리회사는 리더로서의 자신의 역할을 부하들에게 확실히 인식시키고 있다.	①	②	③	④	⑤
7	우리회사는 부하직원들에게 개인적 복지와 안녕에 많은 관심을 가지고 있다.	①	②	③	④	⑤
8	우리회사는 치밀한 계획을 세운 후 일을 추진하는 편이다.	①	②	③	④	⑤
9	우리회사는 명확한 업무성과기준을 가지고 있다.	①	②	③	④	⑤
10	우리회사는 자신의 결정을 부하직원들에게 자세히 설명 해주는 편이다.	①	②	③	④	⑤
11	우리회사는 부하직원들에게 표준화된 규칙과 규정에 따르도록 강요하는 편이다.	①	②	③	④	⑤
12	우리회사는 중요한 업무를 처리하기 전에 부하직원들과 상의하고 행동한다.	①	②	③	④	⑤

Ⅳ. 다음 문항은 귀하의 직장생활에 대한 만족도를 알아보기 위한 것 입니다. 해당란에 "V"표 하십시오.

번호	설 문	전혀 그렇지 않다	그렇지 않은 편이다	보통 이다	조금 그렇다	매우 그렇다
1	근무환경이나 분위기가 바뀌었을 때, 신속하게 적응할 수 있도록 사원모두가 노력한다.	①	②	③	④	⑤
2	회사는 외부환경이나 상황의 변화에 대처하는 적절한 조치를 취하고 있다.	①	②	③	④	⑤
3	우리회사에서는 상사와 부하직원들 간의 의사교환이 활발히 이루어지고 있는 편다.	①	②	③	④	⑤
4	우리회사는 동료간의 의사소통이 잘 되고 있다고 생각한다.	①	②	③	④	⑤
5	리회사는 동료간의 관계가 원만하다고 생각한다.	①	②	③	④	⑤
6	우리회사는 구성원들이 업무에 대한 성취감이 높은 편이라고 생각한다.	①	②	③	④	⑤
7	대체로 우리회사는 구성원들이 자신의 업무에 높은 만족과 보람을 느끼고 있다고 생각한다.	①	②	③	④	⑤
8	우리회사의 구성원들은 이 회사에 대해 높은 자부심과 긍지를 가지고 있다고 생각한다.	①	②	③	④	⑤
9	우리회사는 능력과 실적에 따른 공정한 보상(승진/칭찬/인센티브)관리를 하고 있다.	①	②	③	④	⑤
10	우리회사 직원들은 대체로 회사의 문제를 자신의 문제처럼 느끼고 있다고 여긴다.	①	②	③	④	⑤
11	나는 남은 직장생활을 기꺼이 이 직장에서 보내고자 한다.	①	②	③	④	⑤
12	대체로 우리회사의 직원들은 이 회사의 일원임을 자랑스럽게 여기고 있다고 본다.	①	②	③	④	⑤
13	기회가 닿는다면, 나는 이 회사를 그만두고 자기사업을 했으면 한다.	①	②	③	④	⑤
14	나는 가끔 다른 직장으로 옮기고 싶다는 생각을 한다.	①	②	③	④	⑤
15	나는 이 회사의 발전에 도움이 된다면 어떠한 노력도 아끼지 않겠다.	①	②	③	④	⑤

Ⅴ. 다음 문항에 "V"표 또는 ( )안에 내용을 기입하여 주십시오.

1. 성별:　　①남자　　　②여자

2. 결혼여부: ①기혼　　　②미혼

3. 연령: (만 세)

4. 학력: ①중졸이하　　②고졸　　　　③전문대졸
　　　　④대졸　　　　⑤대학원이상

5. 직위: ①평직원　　②반장　　③주임　　④계장/대리
　　　　⑤과장, 차장　⑥부장, 실장, 국장　　⑦임원

6. 근무년수: (　　년)

7. 근무부서: (　　　)

★★★끝까지 성의껏 응답해 주셔서 대단히 감사합니다.

• 저자 •

양상진　　• 약 력 •
(梁相珍)
　　　　　동아대학교 독문학과 졸업
　　　　　경희대학교 경영 대학원 석사
　　　　　경원대학교 경영 대학원 박사

　　　　　한국 리더십학회 이사
　　　　　한국 기업 윤리학회 이사
　　　　　동신대학교 교수
　　　　　대학과 취업 정보전략 연구소 소장

　　　　　• 주요논저 •

　　　　　『경영 혁신을 위한 인력개발 Model』
　　　　　『군 조직을 중심으로 한 원칙중심 지휘통솔력 실천방안 연구』
　　　　　『한국 노사관계의 정권별 전개과정에 관한 연구』
　　　　　『21세기 리드와 리더십』
　　　　　『현대 기업 경영과 사회』
　　　　　『21세기 비젼 전략 경영』
　　　　　『성공! 취업준비와 전략』
　　　　　외 다수

CEO 리더십유형과 조직성과

• 초판 인쇄	2007년 1월 15일
• 초판 발행	2007년 1월 17일
• 지 은 이	양상진
• 펴 낸 이	채종준
• 펴 낸 곳	한국학술정보㈜
	경기도 파주시 교하읍 문발리 526-2
	파주출판문화정보산업단지
	전화　031) 908-3181(대표) · 팩스　031) 908-3189
	홈페이지　http://www.kstudy.com
	e-mail(출판사업부)　publish@kstudy.com
• 등　　록	제일산-115호(2000. 6. 19)
• 가　　격	20,000원

ISBN　89-534-5252-X 93320 (Paper Book)
　　　　89-534-5253-8 98320 (e-Book)